파이썬 라이브러리로 쉽게 구현하는 **수치해석 프로그래밍**

파이썬과 NumPy로 배우는 선형대수

파이썬 라이브러리로 쉽게 구현하는 **수치해석 프로그래밍**

파이썬과 NumPy로 배우는 선형대수

정주 지음

서문

요즘 프로그래밍은 우리 일상 생활에서 쉽게 접할 수 있는 것이 되었습니다. 누구나 관심만 있으면 아이폰, 안드로이드폰에서 자신이 만든 앱을 실행시켜 볼 수 있고 접근하기 어려웠던 머신러닝을 쉽게 다룰 수 있게 해주는 텐서플로우 같은 라이브러리가 공개되었습니다.

필자는 머신러닝에 대한 관심이 많아지던 시기에 뒤늦게 텐서플로우에 대한 공부를 시작하였습니다. 데이터 세트를 사용하여 모델을 학습시키고 주어진 입력에 대해 원하는 결과가 나오는지 확인하는 과정을 진행해보며 프로그램을 제대로 이해하고 활용하려면 내부적으로 동작하는 원리를 알아야 한다는 사실을 깨닫게 되었습니다.

그래서 선형대수에 대한 공부를 다시 시작하게 되었습니다. 파이썬과 넘파이(NumPy)를 사용하여 예제를 하나씩 구현해보고, 맷플롯리브(matplotlib)를 사용하여 시각화를 해보았습니다. 이후 인공 신경망에 관한 수식을 파이썬과 넘파이를 사용하며 분석하고 구현해보았습니다.

어떤 분야를 공부하든 처음에는 이해하기 어렵지만 진입 장벽을 넘어서는 순간 갑자기 이해가 되기 시작하는 시점이 있습니다. 진입 장벽이란 이해가 잘 안가는 특정 개념을 말합니다. 이럴 때 필자의 경우 인터넷으로 검색하여 자료들을 비교, 대조해보는 것이 많은 도움이 되었습니다.

이 책을 집필할 수 있도록 필자에게 기회를 주신 이동원 편집자님, 궁금한 점이 생길 때마다 해결의 실마리를 주었던 호석 형, 항상 긍정적인 힘을 주는 친구들, 그리고 마지막으로 항상 응원해주는 우리 가족과 아내 캔디에게 감사드립니다.

저자 소개

이 정 주

대학 졸업 후, 회사, 대학원을 거치며 여러 분야의 프로그래밍에 대한 경험을 쌓았다. 하지만 프로그래밍을 멈춰야 하는 순간도 있었다. 그래도 멈추지 않았다. 천천히 가기로 했다. 틈나는 대로 내가 좋아하는 프로그래밍을 해보며 그 결과물을 블로그에 공유했다. 많은 사람들의 호응은 나에게 멈추지 않고 천천히라도 걸을 수 있는 힘을 주었다. 그렇게 나는 오늘도 걷고 있다. 천천히 하지만 멈추지 않고.

차 례

Chapter 1

파이썬

Chapter 2

넘파이

α

$\Leftrightarrow \quad \sum \quad n_l$

$W_{ij}^{(l)} - \alpha \dfrac{\partial}{\partial W_{ij}^{(l)}} J(W, b)$

$\frac{1}{m} \sum_{i=1}^{m} \left(\frac{1}{2} \| y^{(i)} - h_{W,b}(x^{(i)}) \|^2 \right)$

Chapter

1

• • • • • • • •

파이썬

$\delta_i^{(l)} = \dfrac{\partial}{\partial z_i^{(l)}} J(W, b; x, y)$

파이썬(Python)은 사용하기 편리하고, 코드 가독성이 좋은 프로그래밍 언어입니다. C/C++에 비해서 상대적으로 코드를 적게 작성하여 개발이 가능하기 때문에 빠르게 프로토타입을 만들어보는 데 용이합니다. 또한 PyPI(Python Package Index)에서 배포되는 다양한 분야의 라이브러리를 사용할 수 있습니다. 하지만 C/C++에 비해 실행 속도가 느린 단점이 있습니다.

Python 3가 처음 릴리즈된 2008년 이후로 파이썬 공식 홈페이지에서는 Python 2와 Python 3를 각각 배포하고 있습니다. Python 3를 개발하면서 Python 2의 문제점을 해결하는 대신, 하위 버전과의 문법 호환성을 포기했기 때문입니다. 그래서 Python 3가 처음 릴리즈되고 꽤 오랫동안 기존에 Python 2를 사용하던 개발자들이 Python 3로 넘어가기 힘든 상황이었습니다. 또한 기존에 Python 2로 개발되었던 방대한 라이브러리를 Python 3에서는 사용할 수 없었습니다.

그렇지만 이제는 Python 3의 사용을 파이썬 공식 홈페이지에서도 권장하고 있습니다. Python 3를 디폴트로 지원하는 라이브러리도 많아졌습니다. 인스타그램, 페이스북을 비롯한 많은 회사들이 Python 3를 사용하고 있고, Python 2에서 문제가 되었던 보안 문제들도 해결되었습니다. Python 2는 버그 수정 같은 유지 보수만 하다가 2020년에 도태될 예정입니다. 본서에서는 Python 3를 사용합니다.

1.1 파이썬의 장단점

파이썬은 1991년 프로그래머인 귀도 반 로섬(Guido van Rossum)이 만든 프로그래밍 언어입니다. 좋아하는 영국 코미디 드라마인 〈몬티 파이썬 비행 서커스(Monty Python's Flying Circus)〉에서 따온 이름이라고 합니다. 파이썬은 다음과 같은 장점이 있습니다.

- 문법이 간단해서 짧은 시간에 배울 수 있습니다.
- 다른 언어에 비해 직관적이어서 설명 없이도 코드 작동을 추측하기 쉽습니다.
- 변수 선언 시 데이터 타입을 적을 필요가 없기 때문에 코드 작성이 편합니다. 프로그램이 실행되는 동안에 데이터 타입을 검사합니다. 이는 파이썬이 느린 원인 중 하나입니다.
- 다른 언어에 비해 적은 줄의 코드로 작성할 수 있어 빠르게 프로그램으로 작성해서 테스트해볼 때 좋습니다.
- 컴파일을 하지 않고 인터프리터에 의해서 실행되기 때문에 코드에 문제 발생 시 수정이 편리합니다.

물론 단점이 없는 것은 아닙니다.

- 인터프리터 방식의 언어라서 컴파일 후 프로그램을 실행하는 C/C++ 등의 언어에 비해 수행 속도가 느리다는 단점이 있습니다.

1.2 파이썬 개발 환경 만들기

파이썬 홈페이지(https://www.python.org/downloads/)에 접속하여 다운로드할 버전을 선택합니다. [그림 1-1]처럼 다운로드 가능한 파이썬 목록이 보입니다. 본서에서는 글을 작성하는 시점에 최신 버전인 3.7.3 버전을 선택하여 사용했습니다.

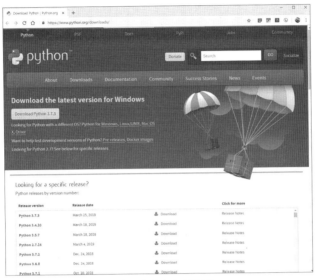

[그림 1-1] 파이썬 다운로드

[그림 1-2]와 같이 플랫폼별 설치파일 목록이 보입니다. 사용 중인 윈도우의 플랫폼에 따라서 'Windows x86 executable installer(32비트)' 또는 'Windows x86-64 executable installer(64비트)' 중 하나를 선택하여 다운로드해 설치합니다.

Files

Version	Operating System	Description	MD5 Sum	File Size	GPG
Gzipped source tarball	Source release		2ee10f25e3d1b14215d56c3882486fcf	22973527	SIG
XZ compressed source tarball	Source release		93df27aec0cd18d6d42173e601ffbbfd	17108364	SIG
macOS 64-bit/32-bit installer	Mac OS X	for Mac OS X 10.6 and later	5a95572715e0d600de28d6232c656954	34479513	SIG
macOS 64-bit installer	Mac OS X	for OS X 10.9 and later	4ca0e30f48be690bfe80111daee9509a	27839889	SIG
Windows help file	Windows		7740b11d249bca16364f4a45b40c5676	8090273	SIG
Windows x88-64 embeddable zip file	windows	for AMD64/EM64T/x64	854ac011983b4c799379a3baa3a040ec	7018568	SIG
Windows x86-64 executable installer	Windows	for AMD64/EM64T/x64	a2b79563476e9aa47f11899a53349383	26190920	SIG
Windows x86-64 web-based installer	Windows	for AMD64/EM64T/x64	047d19d2569c963b8253a9b2e52395ef	1362888	SIG
Windows x86 embeddable zip file	Windows		70df01e7b0c1b7042aabb5a3c1e2fbd5	6526486	SIG
Windows x86 executable installer	Windows		ebf1644cdc1eeeebacc92afa949cfc01	25424128	SIG
Windows x86 web-based installer	Windows		d3944e218a45d982f0abcd93b151273a	1324632	SIG

[그림 1-2] 파이썬 버전 선택

파이썬 설치 중 [그림 1-3]처럼 'Add Python 3.7 to PATH'를 선택하여 파이썬 설치 경로를 환경 변수 PATH에 등록합니다.

[그림 1-3] 파이썬 설치

서브라임 텍스트 3 홈페이지(https://www.sublimetext.com/3)에 접속하여 사용하는 윈도우의 플랫폼에 따라 'Windows (32비트)' 또는 'Windows 64 bit'를 선택하여 다운로드합니다.

[그림 1-4] Sublime Text 3 - 다운로드

파이썬과 NumPy로 배우는 선형대수

Sublime Text 3를 실행하여 다음 코드를 입력한 후, Ctrl+S를 눌러 'hello.py' 이름으로 저장합니다.

```python
print('Hello World!')
```

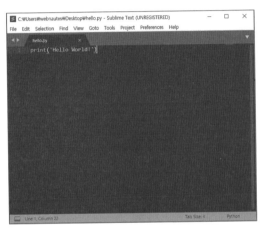

[그림 1-5] Sublime Text 3 - 예제 작성

이제 실행시켜 봅니다. Ctrl+Shift+B를 누르면 보이는 메뉴에서 Python을 선택합니다.

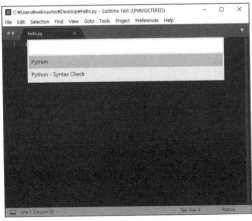

[그림 1-6] Sublime Text 3 - 파이썬 코드 실행

실행 결과가 코드 창 아래에 보입니다.

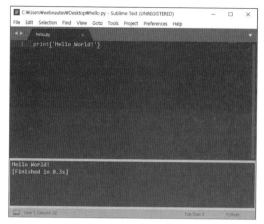

[그림 1-7] 실행 결과

본서에서 '>>>'를 표시한 경우는 명령 프롬프트에서 파이썬 쉘을 실행하여 사용한 것입니다. 이때 'PyCharm' 같은 파이썬 IDE를 사용하면 결과가 다를 수 있으니 주의해야 합니다. 모든 실행 환경에서 같은 결과를 얻는 것이 중요하기 때문에 파이썬 쉘의 결과를 기준으로 설명합니다.

명령 프롬프트에서 파이썬 쉘은 다음과 같이 실행합니다. '윈도우키+R'을 누른 후 실행창에 'cmd'를 입력한 다음, 엔터를 눌러 명령 프롬프트를 실행합니다.

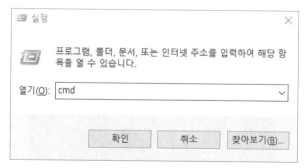

[그림 1-8] 프로젝트 옵션 확인

파이썬과 NumPy로 배우는 선형대수

python 명령으로 파이썬 셸을 실행 후 [그림 1-9]처럼 다음 코드를 실행합니다. 실행 결과가 다음 줄에 바로 출력됩니다.

```
print('Hello World!')
```

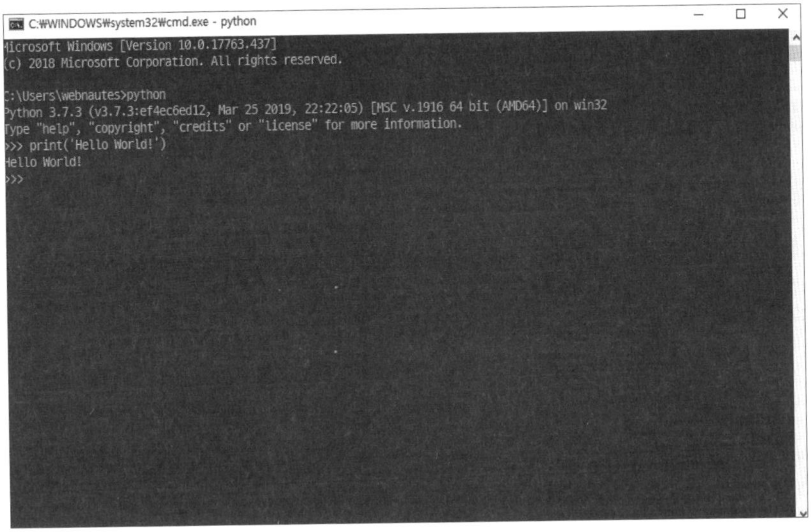

[그림 1-9] 파이썬 셸에서 코드 실행

파이썬 프로그래밍을 시작하기 전 알아야 할 몇가지 사항이 있습니다. 파이썬 셸에는 2가지 프롬프트가 있습니다.

'>>>'은 파이썬 셸의 기본 프롬프트입니다.

```
C:\Users\webnautes>python
Python 3.7.3 (v3.7.3:ef4ec6ed12, Mar 25 2019, 22:22:05) [MSC v.1916 64 bit (AMD64)] on win32
Type "help", "copyright", "credits" or "license" for more information.
>>>
```

'...'은 추가 입력이 필요한 경우 보이는 보조 프롬프트입니다.

```
>>> if a == True:
...
```

파이썬에서는 주석을 처리하기 위해서 '# 문자'를 사용합니다. # 문자 이후로 나오는 모든 것을 인터프리터는 무시합니다.

C/C++ 언어와 달리 코드 블록을 구분하기 위해 '들여쓰기'를 사용합니다.

```
def print_num(N):
    for i in range(N):
        print(i)
```

1.3 데이터 타입

데이터 타입은 프로그래머가 데이터를 어떻게 사용하려고 하는지 컴파일러나 인터프리터에 알려주는 데이터 속성입니다. C/C++에서는 변수 선언 시 데이터 타입을 지정해야 했지만, 파이썬에서는 데이터 타입을 지정하여 변수를 선언할 필요가 없습니다. 변수에 원하는 데이터를 대입하기만 하면 됩니다.

```
>>> a=100
```

데이터를 변수에 대입하거나 데이터를 직접 코드에 적으면 실행하는 순간 데이터는 메모리를 할당받아 객체로 다루어집니다. 이때 데이터 타입이 자동으로 결정됩니다. 'type 함수'로 객체의 타입을 확인할 수 있습니다.

파이썬과 NumPy로 배우는 선형대수

```
# 정수 100은 클래스 int 타입의 객체입니다.
>>> type(100)
<class 'int'>
```

객체가 생성되면 상수가 부여되는데 이후 변경되지 않으며 해당 객체가 프로그램 실행 중에 유일한 객체라는 것을 보장합니다. 'id 함수'를 사용하여 객체에 부여된 상수를 리턴받을 수 있습니다. 다음 예에서 정수 100과 200에 대한 id 함수의 리턴 값이 다릅니다. 정수 100과 200은 다른 객체임을 알 수 있습니다.

```
>>> id(100)
1619752800

>>> id(200)
1619756000
```

파이썬에서는 변수는 메모리를 할당받지 않습니다. 데이터가 메모리를 할당받아 객체가 되며, 변수는 객체를 가리키는 용도로 사용됩니다. 일종의 포인터라고 볼 수 있습니다. 변수에 정수를 대입하고 id 함수 리턴 값을 비교해보면 대입한 객체에 따라 변수에 대한 id 함수 리턴 값이 달라지는 것을 볼 수 있습니다. 다시 말해, 변수가 메모리를 할당받지 않는 것을 확인할 수 있습니다.

```
>>> a=100

# 변수 a와 대입한 정수 100의 id 함수 리턴값이 같습니다.
# -5에서 256 사이의 정수가 아니라면 다르다고 나옵니다.
# 이 경우에 대한 자세한 내용은 1.3.1에서 다룹니다.
>>> id(a), id(100)
(1619752800, 1619752800)

# 변수 a에 다른 정수를 대입합니다.
>>> a=200

# 변수 a의 id 함수 리턴 값이 새로 대입한 정수에 대한 리턴 값과 같습니다.
>>> id(a), id(200)
(1619756000, 1619756000)
```

파이썬의 데이터 타입은 변수에 객체를 대입한 후, 객체를 수정할 수 있는지 여부에 따라 'mutable 객체'와 'immutable 객체'로 나누어집니다.

- **mutable 객체**

  객체를 생성하고, 객체 값을 수정할 수 있습니다. 값이 수정된 이후에도 변수는 같은 객체를 가리킵니다.

  예) list, set, dict

- **immutable 객체**

  객체를 생성하고, 객체 값을 수정할 수 없습니다. 값이 수정된 후 변수는 다른 객체를 가리킵니다.

  예) int, float, complex, bool, string, tuple, frozen set

정수는 생성 후 값 수정이 불가능한 immutable 객체입니다. 변수의 값을 수정한 전후에 변수가 가리키는 객체가 달라집니다. 변수 a에 10을 대입한 다음, 변수 a값에 1을 더하면 변수 a에 대한 id 함수의 리턴 값이 달라집니다. 변수 a가 가리키는 객체가 변경된 것을 의미합니다.

```
>>> a=10

>>> id(a)
1598581792


>>> a=a+1

>>> id(a)
1598582112
```

리스트는 생성 후 값 수정이 가능한 mutable 객체입니다. 변수의 값을 수정한 전후

파이썬과 NumPy로 배우는 선형대수

에 변수가 가리키는 객체가 같습니다. 변수 a에 대입한 리스트 객체에 새로운 원소를 추가해도 변수 a에 대한 id 함수의 리턴 값이 변하지 않습니다.

```
# 변수 a에 리스트 객체 [1, 2, 3]을 대입합니다.
>>> a=[1, 2, 3]

# 변수 a가 가리키는 객체의 id 값을 확인합니다
>>> id(a)
2213800544264

# 변수 a가 가리키는 리스트 객체에 원소 4를 추가합니다.
>>> a.append(4)

# 리스트 객체에 4가 추가되었습니다.
>>> a
[1, 2, 3, 4]

# 변수 a가 가리키는 리스트 객체를 수정했는데도 id 값이 그대로입니다.
>>> id(a)
2213800544264
```

1.3.1 정수

정수의 경우 'class int'를 데이터 타입으로 가집니다.

```
>>> type(100)
<class 'int'>
```

파이썬에서는 효율성을 위해 -5에서 256 사이의 정수는 캐시해둡니다. 이 범위에 있는 정수의 경우에는 매번 새로운 객체가 생성되지 않고, 기존의 메모리에 생성되어 있는 객체를 참조합니다.

```
>>> a=256

>>> b=256

# is 연산자는 두 객체를 비교하여 같은 객체라면 True를 리턴합니다.
# 즉 변수 a와 b가 가리키는 객체와 256 정수 객체는 동일한 객체입니다.
>>> a is b
True

>>> a is 256
True
```

-5에서 256 사이의 정수가 아니면 매번 새로 객체를 생성하기 때문에 같은 값을 가진 객체라도 동일한 객체가 아닙니다.

```
>>> a=257

>>> b=257

# is 연산자로 비교 결과 False를 리턴합니다.
# 변수 a, b 그리고 상수 257는 별개의 객체입니다
>>> a is b
False

>>> a is 257
False
```

두 객체가 같은지 확인할 때에는 'is 연산자'를 사용하고 두 객체의 값이 같은지 확인할 때에는 '== 연산자'를 사용해야 합니다.

```
>>> a=15

>>> b=5 * 3
```

```
# -5에서 256 사이의 정수를 사용한 계산에서는 is 연산자와 == 연산자가 같은
결과를 리턴합니다.
>>> a == b
True

>>> a is b
True
```

하지만 -5에서 256 사이 범위 외에선 똑같은 값을 비교해도 is 연산자는 두 정수 객체가 다르다고 리턴하므로 주의해야 합니다.

```
>>> a=1000
>>> b=10 * 100

# 변수 a와 b의 값은 같지만
>>> a == b
True

# 변수 a,b가 가리키는 객체가 동일한 객체는 아닙니다.
>>> a is b
False
```

1.3.2 실수

실수는 'class float'를 데이터 타입으로 가집니다.

```
>>> type(0.1)
<class 'float'>
```

파이썬에서 정수와 실수를 구분하는 방법은 소수점이 숫자에 붙어있는지 여부입니다. 정수 뒤에 소수점을 추가하면 실수 타입이 됩니다.

```
>>> type(1.)
<class 'float'>
```

같은 값을 가진 실수 객체라고 해도 동일한 객체가 아니기 때문에 is 연산자 대신에 == 연산자로 비교해야 합니다.

```
>>> a=1.1

>>> b=1.1

# is 연산자로 확인해보면 a, b ,1.1은 다른 객체입니다.
>>> a is b
False
>>> a is 1.1
False

# == 연산자로 확인해보면 a, b, 1.1은 같은 값을 가집니다.
>>> a == b
True
>>> a == 1.1
True
```

실수 간 연산 결과를 비교 시에도 is 연산자 대신에 == 연산자를 사용해야 합니다.

```
>>> a=1000.0
>>> b=10.0 * 100.0
# is 연산자를 사용해보면 변수 a와 b는 다른 객체입니다.
>>> a is b
False
# == 연산자를 사용해보면 변수 a와 b는 같은 값을 가집니다.
>>> a == b
True
```

파이썬과 NumPy로 배우는 선형대수

실수 간 연산 비교 시 주의해야 할 점입니다. 예상하는 것과 다르게 작동하는 경우가 있습니다. 예를 들어, 0.1을 세 번 더하거나 0.1에 3을 곱한 결과와 0.3이 같지 않다고 출력합니다.

```
>>> 0.1+0.1+0.1 == 0.3
False

>>> 0.1 * 3 == 0.3
False
```

다음은 파이썬에서 부동소수점을 사용하기 때문에 발생하는 문제입니다. 정확한 실수 값을 표현하는 대신에 근사값으로 표현합니다.

```
>>> print("{0:.20f}".format(0.1))
0.10000000000000000555

>>> print("{0:.20f}".format(0.3))
0.29999999999999998890
```

이 문제를 해결하는 방법 중 하나가 'round 함수'로 지정한 소수점 자리에서 반올림하는 것입니다.

```
# 예상과 달리 값이 같지 않다고 나옵니다.
>>> 0.1 * 3 == 0.3
False

# 소수점 첫 번째 자리에서 반올림하여 계산 결과를 비교합니다.
>>> round(0.1 * 3, 1) == round(0.3, 1)
True
```

1.3.3 문자열

문자 또는 문자열은 'class str'을 데이터 타입으로 가집니다. 큰 따옴표(" ") 또는 작은 따옴표(' ')를 사용하여 생성할 수 있습니다.

```
>>> type('P')
<class 'str'>

>>> type('Python')
<class 'str'>
```

여러 줄로 구성된 문자열이 필요한 경우에는 큰 따옴표 또는 작은 따옴표를 '3번 중복'해서 적어주면 됩니다.

```
# 파이썬 쉘에서 문자열만 적으면 줄바꿈한 것이 \n으로 표시됩니다.
>>> """Python
... is
... Easy"""
'Python\nis\nEasy'

# print문을 사용하여 출력하면 \n대신에 줄바꿈이 됩니다.
>>> print('''Python
... is
... Easy''')
Python
is
Easy
```

'+' 기호를 사용하여 문자열을 결합할 수 있습니다.

```
>>> "Hello, "+"World"
'Hello, World'
```

문자열에 숫자를 곱하여 문자열을 지정한 숫자만큼 반복해서 보여줄 수 있습니다.

```
>>> '-'*50
'--------------------------------------------------'
```

정수 인덱스를 사용하여 하나의 원소에 접근하거나 슬라이싱해서 다수의 원소에
접근할 수 있습니다. 자세한 내용은 리스트를 참고하시기 바랍니다.

```
>>> str="Python"

# 인덱싱
>>> str[0]
'P'

# 슬라이싱
>>> str[0:2]
'Py'
```

문자열은 수정할 수 없습니다. 수정하려고 하면 다음처럼 에러가 발생합니다.

```
>>> a='abc'

>>> a[0]='b'
Traceback (most recent call last):
  File "<stdin>", line 1, in <module>
TypeError: 'str' object does not support item assignment
>>>
```

값을 수정한 후 새로운 객체를 생성하거나 'replace 메소드'를 사용해야 합니다.

```
>>> a='abc'

>>> str1='b'+a[1:]
```

```
>>> str1
'bbc'

>>> str2=a.replace('a', 'b')

>>> str2
'bbc'
```

문자열이 a ~ z, A ~ Z, 0 ~ 9, _ 문자로만 구성되는 경우에는 기존에 생성된 객체가
있다면 새로 객체를 생성하지 않고 기존 객체를 참조합니다. 변수 a와 변수 b에
a ~ z, A ~ Z, 0 ~ 9, _ 문자로만 구성된 같은 문자열 객체를 대입하고, is 연산자로
비교해보면 변수 a와 변수 b를 같은 객체로 인식합니다.

```
>>> a='azAZ09_'

>>> b='azAZ09_'

# 변수 a와 b는 같은 객체입니다.
>>> a is b
True

# 변수 a와 문자열 'azAZ09_'는 같은 객체입니다.
>>> a is 'azAZ09_'
True
```

a ~ z, A ~ Z, 0 ~ 9, _ 외 문자가 문자열에 포함되어 있으면 변수에 똑같은 문자열
을 대입하더라도, 매번 새로운 객체를 생성합니다. 변수 a와 변수 b에 a ~ z, A ~
Z, 0 ~ 9, _ 외 문자로 구성된 같은 문자열 객체를 대입하고, is 연산자로 비교해보
면 변수 a와 변수 b를 다른 객체로 인식합니다.

```
>>> a='azAZ09_!'
>>> b='azAZ09_!'
# 변수 a와 b는 같은 문자열이지만
>>> a == b
True
# 변수 a와 b는 다른 객체입니다.
>>> a is b
False
# 변수 a와 'azAZ09_!'는 같은 문자열이지만
>>> a == 'azAZ09_!'
True
# 변수 a와 'azAZ09_!'는 다른 객체입니다.
>>> a is 'azAZ09_!'
False
```

a~z, A~Z, 0 ~ 9, _만으로 구성된 문자열 객체의 값을 비교하더라도 is 연산자를 사용하면 안됩니다. 변수 대입 전에 문자열을 조합하는 것은 문제없어 보입니다.

```
>>> a='a'+'bc'
>>> b='abc'

>>> a is b
True

>>> a is 'abc'
True
```

하지만 다음과 같이 변수 a1, a2에 따로 문자열을 대입한 후, 변수 a에 두 문자열을 더하여 대입하면 문제가 생깁니다. 변수 a와 변수 b를 is 연산자로 비교 시 다른 객체로 인식하는 문제가 생깁니다.

```
>>> a1='a'

>>> a2='bc'
```

```
>>> b='abc'

>>> a=a1+a2

>>> a == b     # 변수 a, b가 가리키는 객체의 값이 같지만
True

>>> a is b     # 변수 a, b가 가리키는 객체는 별개의 객체입니다.
False

>>> a == 'abc'   # 변수 a가 가리키는 객체와 'abc' 객체의 값은 같지만
True

>>> a is 'abc' # 변수 a와 'abc'객체는 별개의 객체입니다.
False
```

동일한 문자로 구성된 문자열을 항상 같은 객체로 처리하고 싶으면 'sys.intern 메소드'를 사용하면 됩니다.

```
>>> import sys

>>> a=sys.intern('azAZ09_!')

>>> b=sys.intern('azAZ09_!')

>>> a is b
True
```

'input 함수'를 사용하여 한 글자를 입력한 후 is 연산자로 비교할 시에는 문제가 없습니다.

```
>>> str=input("input sth=")
input sth=a

>>> str is 'a'
True
```

하지만 문자열을 입력하여 is 연산자로 비교해보면, 값이 같은 객체인데도 False를 리턴합니다. 문자열을 비교 시에 is 연산자 대신에 == 연산자를 사용해야 합니다.

```
>>> str=input("input sth=")
input sth=abc

>>> str is 'abc'
False

>>> str == 'abc'
True
```

1.3.4 불리언

불리언(boolean)의 타입은 'bool'입니다. 'True'와 'False' 2가지 값을 가집니다.

```
>>> type(True)
<class 'bool'>

>>> type(False)
<class 'bool'>
```

비교 연산 시 True 또는 False를 리턴합니다.

```
>>> 1 == 1
True

>>> 1 == 2
False
```

1.3.5 리스트

리스트는 다른 데이터 타입의 데이터를 저장할 수 있는 데이터 타입으로 객체 생성 후 수정이 가능합니다. 대괄호([ ]) 안에 콤마(,)로 구분된 데이터를 입력하여 리스트를 생성합니다. 다음과 같이 리스트는 각기 다른 데이터 타입의 원소를 가질 수 있습니다.

```
>>> L=[1, 0.01, 'a']

>>> type(L)
<class 'list'>

>>> type(L[0])
<class 'int'>

>>> type(L[1])
<class 'float'>

>>> type(L[2])
<class 'str'>
```

같은 원소로 구성되어 있어도 순서가 다르면 다른 리스트입니다.

```
>>> a=[ 1, 2, 3 ]
>>> b=[ 1, 2, 3 ]
>>> c=[ 2, 3, 1 ]

# 리스트의 원소와 순서가 같습니다.
>>> a == b
True

# 리스트의 원소는 같지만 순서가 다릅니다.
>>> a == c
False
```

두 변수에 대입된 리스트의 원소가 같으면 == 연산자로 비교 시 True를 리턴하지만, is 연산자를 사용하면 False를 리턴합니다. 값은 동일하지만 다른 객체라는 의미입니다.

```
>>> a=[1, 2, 3]

>>> b=[1, 2, 3]

>>> a == b
True

>>> a is b
False
```

리스트의 원소가 다른 객체를 포함하고 있는 복합 객체(compound object)가 아니라면 얕은 복사(shallow copy)와 깊은 복사(deep copy) 간에 차이가 없습니다. 모두 새로운 객체를 생성합니다.

```
>>> import copy
>>> a=[1, 2, 3]
>>> b=a                 # 대입
>>> c=copy.copy(a)      # 얕은 복사
>>> d=copy.deepcopy(a)  # 깊은 복사


# 모두 같은 값을 가지집니다.
>>> a,b,c,d
([1, 2, 3], [1, 2, 3], [1, 2, 3], [1, 2, 3])

# 객체의 id를 출력해보면 변수 a와 b만 같은 객체를 가리킵니다.
# 변수 b에 변수 a를 대입하면 두 변수는 같은 객체를 가리키기 때문입니다.
>>> id(a), id(b), id(c), id(d)
(2307495601032, 2307495601032, 2307495600584, 2307495606344)

# 변수 b가 가리키는 리스트 객체의 첫 번째 원소를 수정했더니
# 변수 a가 가리키는 리스트 객체만 영향을 받습니다.
```

```
# copy 모듈의 메소드를 사용하여 복사한 c와 d는 그렇지 않습니다.
>>> b[0]=100
>>> a,b,c,d
([100, 2, 3], [100, 2, 3], [1, 2, 3], [1, 2, 3])

# 변수 c와 d가 가리키는 객체는 독립적인 객체입니다.
# 얕은 복사와 깊은 복사 간에 차이가 없습니다.
>>> c[0]=200
>>> d[1]=300
>>> a,b,c,d
([100, 2, 3], [100, 2, 3], [200, 2, 3], [1, 300, 3])
```

리스트 객체의 원소가 복합 객체인 경우에는 얕은 복사를 하면 새로 생성된 리스트 객체의 원소가 기존 리스트 객체의 원소를 참조합니다.

```
>>> import copy
>>> a=[['a', 'b', 'c'], [1, 2, 3]]
>>> b=copy.copy(a)

# 변수 a, b는 별개의 객체를 가리키고 있지만
>>> a is b
False

# 두 리스트 객체의 원소가 같은 객체를 가리키고 있습니다.
>>> a[0] is b[0]
True
>>> a[1] is b[1]
True

# 그래서 한쪽 리스트 객체의 원소가 가리키는 객체의 값을 변경하면 양쪽 객체에 모두 반영됩니다.
>>> a[0].append('d')
>>> a
[['a', 'b', 'c', 'd'], [1, 2, 3]]
>>> b
[['a', 'b', 'c', 'd'], [1, 2, 3]]
```

깊은 복사를 해주면 객체의 원소도 새로운 객체가 됩니다.

파이썬과 NumPy로 배우는 선형대수

```
>>> import copy
>>> a=[['a', 'b', 'c'], 1, 257 ]
>>> b=copy.deepcopy(a)

# 깊은 복사를 하면 리스트 객체만 새로 생성되는 게 아니라
>>> a is b
False

# 원소가 mutable 객체인 경우에는 해당 객체의 복사본이 새로 생성됩니다.
>>> a[0] is b[0]
False

# 하지만 immutable 객체인 경우에는 기존 객체를 참조합니다.
>>> a[1] is b[1]
True
>>> a[2] is b[2]
True

# 변수 a, b가 가리키는 객체는 별개의 객체이기 때문에 한쪽 리스트 객체의
원소가 가리키는 객체의 값을 변경해도
>>> a[0].append('d')
>>> a; b
[['a', 'b', 'c', 'd'], 1, 257] # 해당 객체의 값만 변할 뿐
[['a', 'b', 'c'], 1, 257]      # 다른 객체에는 영향을 주지 않습니다.

# 리스트 b의 원소인 정수 객체를 변경하면
>>> b[2]=1000
>>> a; b
[['a', 'b', 'c', 'd'], 1, 257]  # 리스트 a의 원소에는 영향을 주지 않고
[['a', 'b', 'c'], 1, 1000]      # 리스트 b의 원소만 변경됩니다.
```

아래와 같이 리스트를 인덱싱하여 하나의 원소에 접근할 수 있습니다. 리스트의 인덱스는 [그림 1-10]처럼 지정할 수 있습니다.

1	2	3	4	5	6
L[0]	L[1]	L[2]	L[3]	L[4]	L[5]
L[-6]	L[-5]	L[-4]	L[-3]	L[-2]	L[-1]

[그림 1-10] 리스트 인덱스

```
>>> L=[ 0, 1, 2, 3, 4, 5, 6 ]

>>> L
[1, 2, 3, 4, 5, 6]

# 리스트의 인덱스는 0부터 시작합니다.
>>> L[0]
1

>>> L[1]
2

# 인덱스로 음수를 지정하면 뒤에서부터 접근합니다.
>>> L[-1]
6

>>> L[-2]
5
```

슬라이싱하여 리스트 일부를 가져올 수 있습니다. 'start'부터 'end' 이전까지 범위 내에 있는 원소를 가져옵니다. 'step'을 지정하면 일정 간격으로 원소를 가져올 수 있습니다.

L[start:end:step]

```
>>> L=[ 1, 2, 3, 4, 5, 6 ]

>>> L
[1, 2, 3, 4, 5, 6]

# 인덱스 0부터 인덱스 3 이전에 있는 원소를 가져옵니다.
>>> L[0:3]
[1, 2, 3]

# 첫 번째 인덱스는 생략할 수 있습니다.
>>> L[ :3]
```

파이썬과 NumPy로 배우는 선형대수

```
[1, 2, 3]

# 인덱스 3부터 인덱스 6 이전에 있는 원소를 가져옵니다.
>>> L[3:6]
[4, 5, 6]

# 마지막 인덱스는 생략할 수 있습니다.
>>> L[3:]
[4, 5, 6]

# 인덱스 2부터 인덱스 -1 이전에 있는 원소를 가져옵니다.
>>> L[2:-1]  # L[2:5]
[3, 4, 5]

# 전체 원소를 가져옵니다.
>>> L[:]
[1, 2, 3, 4, 5, 6]

# 인덱스 1부터 인덱스 5 이전에 있는 원소를 간격 3으로 가져옵니다.
>>> L[1:5:3]
[2, 5]
```

리스트 크기를 리턴하는 'len 함수'와 리스트에 새로운 원소를 추가하는 'append 메소드'가 있습니다.

```
>>> L=[1, 2, 3]

>>> L
[1, 2, 3]

# 리스트 L의 크기는 3입니다.
>>> len(L)
3

# 리스트 L의 마지막 원소로 4를 추가합니다.
>>> L.append(4)

>>> L
[1, 2, 3, 4]
```

인덱싱과 슬라이싱을 사용하여 하나 또는 다수 원소의 값을 변경할 수 있습니다.

```
>>> L=[ 1, 2, 3, 4, 5, 6 ]

>>> L
[1, 2, 3, 4, 5, 6]

# 첫 번째 인덱스의 값을 변경합니다.
>>> L[0]=-1

>>> L
[-1, 2, 3, 4, 5, 6]

# 슬라이싱으로 여러 값을 변경할 경우에는 대입할 리스트를 지정해야 합니다.
>>> L[2:5]=0
Traceback (most recent call last):
  File "<stdin>", line 1, in <module>
TypeError: can only assign an iterable

>>> L[2:5]=[0, 0, 0, 0]

>>> L
[-1, 2, 0, 0, 0, 0, 6]
```

리스트 안에 리스트를 중첩할 수 있습니다. 보통 2차원 이상의 배열을 생성하기 위해 사용하는 방법입니다.

```
# 2차원 리스트는 1차원 리스트를 원소로 하는 리스트입니다.
>>> L=[[1, 2, 3], [4, 5, 6], [7, 8, 9]]

>>> L
[[1, 2, 3], [4, 5, 6], [7, 8, 9]]

# 하나의 인덱스로 하나의 행(1차원 리스트)을 가져올 수 있습니다.
>>> L[0]
[1, 2, 3]
```

파이썬과 NumPy로 배우는 선형대수

```
>>> L[1]
[4, 5, 6]

# 2개의 인덱스를 사용해야 하나의 원소를 가져올 수 있습니다.
>>> L[0][0]
1

>>> L[2][2]
9
```

리스트를 슬라이싱하여 값을 수정해도 원본 리스트에 영향을 주지 않습니다.

```
>>> L=['a', 'b', 'c', 'd', 'e']

# 리스트 L의 일부를 슬라이싱 후 값을 수정합니다.
>>> S=L[2:4]
>>> S
['c', 'd']
>>> S[0]=0

# 리스트 L의 값은 변경되지 않았습니다.
>>> S
[0, 'd']
>>> L
['a', 'b', 'c', 'd', 'e']
```

'range'를 사용하여 연속적인 숫자로 구성된 리스트를 생성할 수 있습니다.

```
# 1 ~ 9까지 숫자로 구성된 리스트를 생성합니다.
>>> list(range(1,10))
[1, 2, 3, 4, 5, 6, 7, 8, 9]

# 1 ~ 9 범위 내에서 간격이 2인 숫자들로 구성된 리스트를 생성합니다.
>>> list(range(1,10,2))
[1, 3, 5, 7, 9]
```

1.3.6 튜플

튜플(tuple)은 생성 후 수정이 불가능하다는 점을 빼고는 리스트와 유사한 데이터 타입입니다. 보통 함수나 'for문'에서 다수의 값 리턴 시 사용됩니다. 튜플도 각기 다른 데이터 타입의 원소를 가질 수 있습니다.

```
>>> t=(1, 0.01, 'a')

>>> type(t)
<class 'tuple'>

>>> type(t[0])
<class 'int'>

>>> type(t[1])
<class 'float'>

>>> type(t[2])
<class 'str'>
```

앞에서 다룬 리스트처럼 튜플도 인덱싱 및 슬라이싱이 가능합니다. 자세한 내용은 리스트를 참고하시기 바랍니다.

```
>>> T=( 1, 2, 3, 4, 5, 6)

>>> T[2]
3
>>> T[2:4]
(3, 4)
```

똑같은 원소를 가지는 튜플이라도 다른 객체로 인식됩니다.

```
>>> a=(100, 200, 300)
>>> b=(100, 200, 300)
```

```
>>> a == b  # 튜플의 원소는 동일하지만
True

>>> a is b  # 다른 튜플 객체입니다.
False
```

튜플은 수정이 불가능합니다.

```
>>> T=( 1, 2, 3, 4, 5, 6)

>>> T[0]=-1
Traceback (most recent call last):
  File "<stdin>", line 1, in <module>
TypeError: 'tuple' object does not support item assignment
```

튜플을 수정하려면 리스트로 변환하여 데이터를 수정한 다음, 다시 튜플로 변경해야 합니다.

```
>>> a=(1, 2, 3)

>>> b=list(a)      # 리스트로 변환

>>> b[0]=-1        # 데이터 수정

>>> c=tuple(b)     # 튜플로 변환

>>> c
(-1, 2, 3)
```

튜플은 immutable 객체지만, 객체 값으로 mutable 객체에 대한 참조를 포함할 수 있습니다. 튜플은 값을 변경할 수 없는 객체이나, 원소가 참조하고 있는 mutable 객체의 값은 수정할 수 있습니다.

```
>>> a=(1 , 'abc', [1, 2, 3])

>>> type(a[2])      # 튜플 객체의 세 번째 원소가 리스트 객체입니다.
<class 'list'>

>>> before_id=id(a[2]) # 값 변경 전 리스트 객체의 id를 저장합니다.

# 세 번째 원소는 mutable 객체인 리스트에 대한 참조이기 때문에 해당 객체
값 변경이 가능합니다.
>>> a[2].append(4)

# 리스트 객체의 값을 변경해도 세 번째 원소는 같은 리스트 객체를 참조하고
있습니다.
>>> id(a[2]) == before_id
True

# 세 번째 원소인 리스트의 값이 변경되었습니다.
>>> a
(1, 'abc', [1, 2, 3, 4])

# 원소가 참조하는 mutable 객체 값은 변경할 수 있지만, 원소를 다른 타입의
객체로 변경하는 것은 불가능합니다.
>>> a[2]=5
Traceback (most recent call last):
  File "<stdin>", line 1, in <module>
TypeError: 'tuple' object does not support item assignment
```

튜플로 패킹하여 하나의 객체로 묶거나 언패킹하여 개별 객체로 분리할 수 있습
니다.

```
# 패킹
>>> t=1,2
>>> t
(1, 2)

# 언패킹
>>> x,y=t
```

```
>>> x
1
>>> y
2
```

1.3.7 딕셔너리

딕셔너리는 키(key)와 값(value)이 쌍을 이루어 하나의 원소가 되는 데이터 타입
입니다. 중괄호({ }) 사이에 콤마로 구분된 '키:값' 쌍을 입력하여 생성합니다.

```
>>> num={'하나':1, '둘':2, '셋':3, '넷':4, '다섯':5}

>>> type(num)
<class 'dict'>
```

키는 고유한 값이어야 합니다. 키가 중복되면 나중에 부여된 '키:값' 쌍이 저장됩니
다. 다음 예제에서 '하나'라는 키가 중복되었는데, 나중에 정의한 값만 남았습니다.

```
>>> num={'하나':1, '하나':2, '둘':2, '셋':3, '넷':4, '다섯':5}
>>> num
{'하나': 2, '둘': 2, '셋': 3, '넷': 4, '다섯': 5}
```

상대적인 위치를 사용하여 원소에 접근하는 리스트, 튜플과 달리 딕셔너리는 원소
마다 부여된 키로 접근하여 값을 읽어오거나 값을 변경할 수 있습니다.

```
# 키가 '하나'인 원소의 값을 출력합니다.
>>> num['하나']
2
```

```
# 키가 '하나'인 원소의 값을 변경합니다.
>>> num['하나']=1111

>>> num['하나']
1111
```

딕셔너리의 키와 값을 분리할 필요가 있을 때 'items 메소드'를 사용합니다.

```
>>> D={1:'하나', 2:'둘', 3:'셋'}

>>> for key, value in D.items():
...     print(key, value)
...
1 하나
2 둘
3 셋
```

1.3.8 집합

집합(set)은 중복된 데이터가 없는 데이터 타입입니다.

```
>>> fruits={'사과', '배', '귤'}

>>> type(fruits)
<class 'set'>
```

순서가 다른 같은 데이터를 포함한 2개의 집합을 비교해보면 같은 집합으로 보는 것을 볼 수 있습니다.

```
>>> fruits1={'사과', '배', '귤'}
```

파이썬과 NumPy로 배우는 선형대수

```
>>> fruits2={'배', '귤', '사과'}

>>> fruits1 == fruits2
True
```

집합에 특정 원소가 있는지 검사하기 위해 'in'을 사용합니다.

```
# 집합 생성 시 중복된 원소가 자동으로 제거됩니다.
>>> a={1, 2, 3, 3, 2, 1}
>>> a
{1, 2, 3}

# 집합에 특정 원소가 포함되어 있는지 검사합니다.
>>> 1 in a
True

>>> 5 in a
False
```

1.4 제어문

1.4.1 if문

주어진 조건에 따라 다른 코드 블록를 실행하기 위해 사용됩니다. 'if문'과 'elif문' 뒤에 오는 조건을 True 또는 False 판정하여 코드 블록이 실행됩니다. if, elif, else 뒤에 콜론(:)을 추가해야 하며, 이하 줄은 코드 블록 구분을 위해 들여쓰기를 해야 합니다.

```
if 조건 1:
        코드 블록 1 # 조건 1 True인 경우 실행

elif 조건 2:
        코드 블록 2 # 조건 2 True인 경우 실행

else:
        코드 블록 3 # 조건 2가 False인 경우 실행
```

0 ~ 100 사이의 숫자를 맞추는 간단한 if문 사용 예제입니다.

```
from random import randint

# 0 ~ 100 사이의 숫자를 무작위로 생성해서 변수 solution에 대입합니다.
solution=randint(0, 100)

# 시도한 횟수를 체크하기 위한 변수입니다.
count=0

while True:
    number=int(input("지금 제가 생각하는 숫자를 입력해보세요 :"))
    count += 1

    if solution < number:
        print("%d보다 작습니다." % number)

    elif solution > number:
        print("%d보다 큽니다." % number)

    else:
        print("%d번만에 맞추었습니다." % count)
        break
```

```
지금 제가 생각하는 숫자를 입력해보세요 :55
55보다 큽니다.
지금 제가 생각하는 숫자를 입력해보세요 :90
90보다 작습니다.
```

파이썬과 NumPy로 배우는 선형대수

```
지금 제가 생각하는 숫자를 입력해보세요 :70
70보다 작습니다.
지금 제가 생각하는 숫자를 입력해보세요 :60
60보다 작습니다.
지금 제가 생각하는 숫자를 입력해보세요 :58
58보다 작습니다.
지금 제가 생각하는 숫자를 입력해보세요 :56
6번만에 맞추었습니다.
```

1.4.2 for문

보통 튜플, 리스트, 문자열 등 데이터 타입의 원소를 하나씩 가져오는 것을 반복하기 위해 사용됩니다.

```python
months=['January', 'February', 'March', 'April', 'May', 'June', 'July',
        'August', 'September', 'October', 'November', 'December']

# 리스트 months에서 원소 month를 가져오는 것을 반복합니다.
for month in months:
    print(month)
```

```
January
February
March
April
May
June
July
August
September
October
November
December
```

반복할 때 컨테이너 데이터 타입의 원소와 함께 인덱스를 같이 가져오기 위해서 'enumerate'를 사용합니다.

```
months=['January', 'February', 'March', 'April', 'May', 'June', 'July',
        'August', 'September', 'October', 'November', 'December']

for index,month in enumerate(months):
    print('%d월은 %s입니다.' % (index+1, month))
```

```
1월은 January입니다.
2월은 February입니다.
3월은 March입니다.
4월은 April입니다.
5월은 May입니다.
6월은 June입니다.
7월은 July입니다.
8월은 August입니다.
9월은 September입니다.
10월은 October입니다.
11월은 November입니다.
12월은 December입니다.
```

2개 이상의 리스트 또는 튜플에서 원소를 튜플로 묶어서 가져오기 위해서 'zip'을 사용합니다.

```
english=['January', 'February', 'March', 'April', 'May', 'June', 'July',
         'August', 'September', 'October', 'November', 'December']
korean=['1월', '2월', '3월', '4월', '5월', '6월', '7월',
        '8월', '9월', '10월', '11월', '12월']

# zip은 리스트 korean과 리스트 english에서 원소를 하나씩 가져와 튜플로 묶어줍
니다.
# 변수 2개를 사용하여 다시 각각의 값으로 받습니다.
for k, e in zip(korean, english):
    print('%s은 %s입니다.' % (k, e))
```

```
1월은 January입니다.
2월은 February입니다.
3월은 March입니다.
4월은 April입니다.
5월은 May입니다.
6월은 June입니다.
7월은 July입니다.
8월은 August입니다.
9월은 September입니다.
10월은 October입니다.
11월은 November입니다.
12월은 December입니다.
```

일정 범위의 숫자까지 반복하기 위해 'range 함수'를 사용합니다. 0부터 시작하여 12 이전까지 간격 2로 출력합니다.

```
for i in range(0, 12, 2):
    print(i)
```

```
0
2
4
6
8
10
```

0부터 6 이전까지 출력합니다.

```
for i in range(0,6):
    print(i)
```

```
0
1
```

```
2
3
4
5
```

시작 값이 0인 경우에는 생략할 수 있습니다.

```
for i in range(6):
    print(i)
```

```
0
1
2
3
4
5
```

1.4.3 while문

while문은 주어진 조건이 참(True)인 동안 작업을 반복하기 위해 사용됩니다. while문과 함께 'continue'와 'break'를 사용할 수 있습니다. continue를 사용하면 다음 줄에 있는 코드를 무시하고 다시 반복문의 처음부터 반복합니다. break를 사용하면 while문의 반복을 중지합니다.

다음은 입력한 수까지 홀수 합을 더하는 while문 사용 예제입니다.

```
n=int(input('숫자를 입력하세요.'))

count=0
sum=0
```

파이썬과 NumPy로 배우는 선형대수

```
while True:
    count += 1

# 짝수인 경우에는 다시 반복문의 처음으로 돌아갑니다.
    if count % 2 == 0:
        continue

# 홀수인 경우 변수 sum의 값에 더해줍니다.
    sum += count

    if count >= n:
        print('%d까지 홀수 합은 %d입니다.' % (n, sum))
        break
```

1.5 함수

'def문'을 사용하여 함수를 정의합니다. 괄호 안에 함수에 넘겨줄 아규먼트를 추가할 수 있으며, 함수에서 호출한 지점으로 리턴할 값을 'return문'에 적어줍니다. 튜플을 사용하여 함수에서 둘 이상의 값을 리턴할 수 있습니다.

```
# 변수 x, y의 합과 차를 튜플로 리턴합니다.
>>> def f(x, y):
...     return x+y, x-y
...

# 호출한 곳에서 두 값의 합과 차를 리턴받습니다.
>>> add, sub=f(1, 3)

>>> print(add)
4

>>> print(sub)
-2
```

전역 변수를 함수에서 사용하는 것은 가능합니다.

```
>>> x=10

>>> def f():
...     print(x)
...

>>> f()
10
```

하지만 함수에서 전역 변수를 수정하려면 추가 코드가 필요합니다.

```
>>> x=10

>>> def f():
...     x=5
...     print('함수 안 ', x)
...

>>> f()
함수 안  5

>>> print(x)
10
```

global을 사용하여 함수에서 전역 변수를 지정해주면 수정할 수 있습니다.

```
>>> x=10

>>> def f():
...     global x
...     x=5
...     print('함수에서 수정 ', x)
...
```

파이썬과 NumPy로 배우는 선형대수

```
>>> f()
함수에서 수정  5

>>> print(x)
5
```

함수에 입력하지 않은 아규먼트에 대해 디폴트 아규먼트 값을 지정해줄 수 있습
니다.

```
>>> def f(n, e=2):
...       sum=0
...       for i in range(n+1):
...               temp=i ** e
...               sum=sum+temp
...       return sum
...

>>> print(f(10))
385

>>> print(f(10, 3))
3025
```

1.6 모듈

파이썬은 자주 사용하는 함수를 파일로 저장해두었다가 필요 시 사용할 수 있는 방법을 제공합니다. 다음 코드를 'sum.py'라는 이름으로 저장합니다. 모듈만 실행시켜 테스트할 수 있도록 "if __name__ == '__main__':" 코드가 추가되어 있습니다. 모듈을 직접 실행시킬 경우 전역 변수 __name__의 값은 __main__이 되어, 모듈 파일의 if __name__ 아래에 있는 코드가 실행됩니다.

```python
def odd_sum(n):
    count=0
    sum=0

    while True:
        count += 1

        if count >= n:
            break

        if count % 2 == 0:
            continue

        print('@', count)
        sum += count

    print('%d까지 홀수 합은 %d입니다.' % (n, sum))

def even_sum(n):
    count=0
    sum=0
    while True:
        count += 1

        if count >= n:
            break
```

```
        if count % 2 != 0:
            continue
        print('@', count)
        sum += count

    print('%d까지 짝수 합은 %d입니다.' % (n, sum))


if __name__ == '__main__':

    n=int(input('숫자를 입력하세요.'))
    odd_sum(n)
    even_sum(n)
```

이제 'sum 모듈'을 가져와서 실행시킵니다. 모듈 이름을 사용하여 해당 모듈의 함수를 가져와 사용할 수 있습니다.

```
import sum

n=int(input('숫자를 입력하세요.'))
sum.odd_sum(n)
sum.even_sum(n)
```

모듈에 별칭을 붙어서 사용할 수도 있습니다.

```
import sum as s

n=int(input('숫자를 입력하세요.'))
s.odd_sum(n)
s.even_sum(n)
```

모듈 이름을 붙이지 않고 'odd_sum 함수'를 실행시키고 싶다면 다음과 같이 임포트하면 됩니다.

```
from sum import odd_sum

n=int(input('숫자를 입력하세요.'))
odd_sum(n)
```

모듈의 모든 함수를 모듈 이름 없이 사용하고 싶다면 다음과 같이 하면 됩니다.

```
from sum import *

n=int(input('숫자를 입력하세요.'))
odd_sum(n)
even_sum(n)
```

1.7 입출력

1.7.1 화면 입출력

'print문' 사용 시 '% 연산자'를 사용하면 C언어의 'sprintf 함수' 스타일로 출력합니다.

```
>>> print('%5.2f는 %s입니다.' % (3.141592, 'PI'))
3.14는 PI입니다.
```

print 문을 사용한 몇가지 예제입니다.

```
# 디폴트는 공백을 구분자로 하여 문자열들을 출력한 후 다음 줄로 이동합니다.
>>> print('Python', 'is', 'easy!')
Python is easy!

# +기호를 사용하면 공백 없이 이어서 출력됩니다.
>>> print('Py'+'th'+'on')
Python

# 디폴트로 출력되는 줄바꿈 문자('\n')를 제거할 수 있습니다.
>>> str=['W', 'I', 'N' 'T', 'E', 'R']
>>> for i,s in enumerate(str):
...     if i == len(str)-1:
...         print(s)
...     else:
...         print(s, end="")
...
WINTER

# 출력되는 문자 사이에 -가 하나씩 추가됩니다.
>>> print('2019', '01', '01',  sep="-")
2019-01-01

# 중괄호({})를 적은 위치에 format 아규먼트들이 입력됩니다.
>>> print("겨울은 {}, 여름은 {}".format("Winter", "Summer"))
겨울은 Winter, 여름은 Summer

# 중괄호({})에 format 아규먼트의 몇 번째 것을 출력할지 지정할 수 있습니다.
>>> print('{2} {1} {0}'.format('a', 'b', 'c'))
c b a

# 중괄호({})에 정수 출력 포맷을 지정할 수 있습니다. 전체 필드 수를 5로하
고, 오른쪽 정렬하여 정수를 출력합니다.
>>> print('{:5d}'.format(100))
  100

# 중괄호({})에 실수 출력 포맷을 지정할 수 있습니다. 전체 필드 수를 5로
하고, 소수점 이하 두 자리만 출력하도록 합니다.
>>> print('{:5.2f}'.format(3.141592))
 3.14
```

```
# format 아규먼트에서 첫 번째 것만 포맷을 다르게 해서 2번 출력합니다.
>>> print('{0:.2f} {0:.4f}'.format(3.141592, 0.0000001))
3.14 3.1416
```

키보드 입력을 받기 위해 'input 함수'를 사용할 수 있습니다.

```
# input 함수의 아규먼트로 사용자에게 보여줄 문자열을 입력합니다.
>>> x=input('정수를 입력하세요=')
정수를 입력하세요=100

# 입력된 값은 str 타입이 됩니다.
>>> type(x)
<class 'str'>

# 사용 시 적절히 형변환을 해줘야 합니다.
>>> if 100 == int(x):
...     print('100을 입력했습니다.')
...
100을 입력했습니다.
```

1.7.2 파일 입출력

다음 코드를 main.py로 저장하고 실행합니다. 실행시키면 파일 전체를 읽어서 화면에 보여줍니다.

```
f=open('main.py', 'r')

s=f.read()

print(s)

f.close()
```

for문을 사용하면 파일을 한 줄씩 읽어올 수 있습니다. 예제에서는 각 줄마다 줄 번호를 붙이기 위해 'enumerate'를 사용합니다.

```python
f=open('main.py', 'r')

for idx, line in enumerate(f):
    print(idx, line)

f.close()
```

파일에 기록하는 방법입니다. 파일을 쓰기 모드로 새로 연 다음, 'write 함수'를 사용하여 파일에 기록합니다.

```python
f1=open('main.py', 'r')
f2=open('test.py', 'w')

for idx,line in enumerate(f1):
    print(idx, line)
    f2.write(line)

f1.close()
f2.close()
```

α

$\Leftrightarrow$ $\sum$ n_l

$W_{ij}^{(l)} - \alpha \dfrac{\partial}{\partial W_{ij}^{(l)}} J(W, b)$

z_l

$$\dfrac{1}{m} \sum_{i=1}^{m} \left(\dfrac{1}{2} \left\| y^{(i)} - h_{W,b}(x^{(i)}) \right\|^2 \right)$$

Chapter

2

• • • • • • •

넘파이

$$\delta_i^{(l)} = \dfrac{\partial}{\partial z_i^{(l)}} J(W, b; x, y)$$

넘파이(NumPy)는 파이썬으로 수치 계산을 하기 위한 라이브러리입니다. 다차원 배열을 효율적으로 구현한 넘파이 배열과 배열 간 빠른 연산을 할 수 있는 루틴을 제공합니다. '윈도우키+R'을 누른 후, 실행창에서 'cmd'를 입력하고, 엔터를 눌러 명령 프롬프트를 실행합니다. 다음 명령을 명령 프롬프트 창에 입력하여 넘파이를 설치합니다.

```
pip install numpy
```

넘파이 배열과 파이썬 리스트는 차이가 있습니다. 파이썬 리스트는 여러 데이터 타입의 데이터를 원소로 가질 수 있지만, 넘파이 배열의 원소는 모두 같은 데이터 타입입니다.

```
# numpy 모듈을 가져올 때 보통 np라는 이름을 붙여 사용합니다.
>>> import numpy as np

>>> A=np.array([1, 2, 3])
```

```
>>> len(A)
3

# 넘파이 배열에서 모든 원소의 데이터 타입은 int32로 같은 크기를 가집니다.
>>> type(A[0])
<class 'numpy.int32'>

>>> type(A[1])
<class 'numpy.int32'>

>>> type(A[2])
<class 'numpy.int32'>
```

컨테이너 타입의 객체를 원소로 하는 경우에는 다른 크기의 원소를 가질 수 있습니다.

```
>>> B=np.array([[1,2,3], [4,5]])

>>> B
array([list([1, 2, 3]), list([4, 5])], dtype=object)

# 리스트를 원소로 하는 넘파이 배열의 경우 원소의 크기가 다를 수 있습니다.
>>> len(B[0])
3

>>> len(B[1])
2
```

넘파이를 사용하면 파이썬만을 사용하는 것에 비해 적은 수의 코드를 사용하여 빠르게 연산할 수 있습니다.

예를 들어 두 개의 벡터를 더하는 연산을 하기 위해 파이썬의 리스트를 사용한다면 다음과 같이 각 리스트의 원소를 가져오기 위해 반복해야 합니다.

파이썬과 NumPy로 배우는 선형대수

```
>>> A=[1, 2, 3]

>>> B=[-1,-2,-3]

>>> C=[]

>>> for a,b in zip(A,B):
...     C.append(a+b)
...

>>> C
[0, 0, 0]
```

넘파이는 대응하는 성분끼리 연산(element-wise)하는 벡터라이제이션(vectorization)을 지원하기 때문에 루프 없이 계산을 할 수 있어 리스트를 사용하는 것보다 빠릅니다.

```
>>> import numpy as np

>>> A=np.array([1,2,3])
>>> B=np.array([-1,-2,-3])

>>> C=A+B # vectorization

>>> C
array([0, 0, 0])
```

2.1 넘파이 배열

2.1.1 넘파이 배열이란?

넘파이 배열은 'N차원 배열 객체(ndarray)'로 모든 원소는 같은 타입, 같은 크기를 가지며 차원 개수만큼의 정수로 인덱싱됩니다. 차원(dimension)을 축(axis)이라고도 부릅니다. 배열의 모든 원소가 같은 데이터 타입이라 각 원소는 같은 크기의 메모리 블록을 차지합니다. 각 메모리 블록이 해석되는 방법은 별도의 '데이터 타입(dtype)'에 의해서 지정됩니다.

'array 함수'의 아규먼트로 파이썬 리스트나 튜플을 사용하여 넘파이 배열을 생성할 수 있습니다. 넘파이 배열의 dtype은 원소로 주어진 데이터로부터 데이터 타입을 추측하여 결정합니다.

```
>>> import numpy as np

# array 함수의 아규먼트로 리스트를 입력하여 넘파이 배열을 생성합니다.
>>> a=np.array([0.1, 0.2, 0.3])

>>> a
array([0.1, 0.2., 0.3])

>>> print(a)
[0.1 0.2 0.3]

# 넘파이에 실수 데이터 저장 시 디폴트 데이터 타입은 float64입니다.
# 사용하는 플랫폼에 따라 달라질 수 있습니다.
>>> a.dtype
dtype('float64')

#  원소의 데이터 타입은 넘파이의 64비트 실수 타입입니다.
>>> type(a[0])
<class 'numpy.float64'>
```

미리 생성한 리스트를 사용하여 넘파이 배열을 생성할 수도 있습니다.

```
>>> b=[1, 2, 3]

>>> b=np.array(x)

>>> b
array([1, 2, 3])

# 넘파이에 정수 데이터 저장 시 디폴트 데이터 타입은 int32입니다
# 사용하는 파이썬이나 플랫폼에 따라 달라질 수 있습니다.
>>> b.dtype
dtype('int32')

# 원소의 데이터 타입은 넘파이의 32비트 정수 타입입니다.
>>> type(b[0])
<class 'numpy.int32'>
```

넘파이에서는 다음과 같은 데이터 타입을 사용합니다.

bool	불리언(True 또는 False)
int8	8비트 정수(-128 ~ 127)
int16	16비트 정수(-32768 ~ 32767)
int32	32비트 정수(-2147483648 ~ 2147483647)
int64	64비트 정수 (-9223372036854775808 ~ 9223372036854775807)
uint8	8비트 부호 없는 정수(0 ~ 255)
uint16	16비트 부호 없는 정수(0 ~ 65535)
uint32	32비트 부호 없는 정수(0 ~ 4294967295)
uint64	64비트 부호 없는 정수(0 ~ 18446744073709551615)
float16	16비트 실수, 반 정밀도 실수(Half precision float)
float32	32비트 실수, 단 정밀도 실수(Single precision float)
float64	64비트 실수, 배 정밀도 실수(Double precision float)
complex64	복소수, 32비트 실수 2개로 실수와 허수를 나타냄
complex128	복소수, 64비트 실수 2개로 실수와 허수를 나타냄

'array 함수'를 사용하여 배열을 생성 시 dtype 아규먼트에 데이터 타입을 지정할 수 있습니다.

```
# 정수 데이터를 배열의 원소로 하고 데이터 타입은 실수 타입(float64)으로
지정합니다.
>>> c=np.array([1, 2, 3], dtype=np.float64)

# 정수 끝에 소수점(.)을 붙여서 실수임을 표시합니다.
>>> c
array([1., 2., 3.])

>>> c.dtype
dtype('float64')

# 원소의 데이터 타입은 넘파이의 float64입니다.
>>> type(c[0])
<class 'numpy.float64'>
```

astype 메소드를 사용하여 NumPy 배열의 데이터 타입을 변경할 수 있습니다. 실수를 원소로 하는 넘파이 배열을 정수 데이터 타입으로 변환하면 소수점 이하가 버려집니다.

```
>>> d=np.array([1.1, 2.2, 3.3, 4.9])

>>> d.dtype
dtype('float64')

# 데이터 타입을 정수로 변경합니다.
>>> e=d.astype(np.int32)

>>> e
array([1, 2, 3, 4])
```

파이썬과 NumPy로 배우는 선형대수

넘파이 배열의 타입은 'numpy.ndarray' 클래스이며 다음과 같은 속성을 가집니다.

```
>>> A=np.array([[1, 2, 3], [4, 5, 6]])

>>> A
array([[1, 2, 3],
       [4, 5, 6]])

>>> type(A)
<class 'numpy.ndarray'>
```

- ndarray.ndim

배열을 구성하는 차원의 개수입니다. np.array 함수의 아규먼트로 주어지는 리스트의 중복 횟수에 따라 배열의 차원이 결정됩니다.

```
>>> A
array([[1, 2, 3],
       [4, 5, 6]])

>>> A.ndim
2
```

- ndarray.shape

배열을 구성하는 차원 개수와 차원별 크기를 튜플로 나타낸 것입니다. 정수는 각 차원의 크기를 나타내며 튜플의 크기는 차원의 개수입니다. 다음 배열은 2개의 차원을 가지며 첫 번째 차원(열 방향)의 크기는 2, 두 번째 차원(행 방향)의 크기는 3입니다.

```
>>> A
array([[1, 2, 3],
       [4, 5, 6]])

>>> A.shape
(2, 3)
```

- ndarray. size

배열에 있는 모든 원소의 개수입니다. shape의 원소를 모두 곱한 값과 같습니다.

```
>>> A
array([[1, 2, 3],
       [4, 5, 6]])

>>> A.size
6
```

- ndarray. dtype

배열 원소의 데이터 타입을 나타냅니다.

```
>>> A.dtype
dtype('int32')
```

- ndarray. itemsize

배열 원소 하나의 바이트 크기입니다. int32의 itemsize는 4바이트(=32/8)입니다.

```
>>> A.itemsize
4
```

- ndarray. data

배열 원소를 실제로 저장하고 있는 버퍼입니다.

```
>>> A.data
<memory at 0x000002D838903B40>
```

배열 원소에 대한 최댓값, 최솟값, 총합, 평균 등을 구하기 위한 연산이 넘파이 배열의 메소드로 제공됩니다.

```
>>> b=np.array([1, 2, 3, 4, 5, 6])

>>> b.max()
6

>>> b.min()
1

>>> b.sum()
21

>>> b.mean()
3.5
```

계산할 차원 방향을 지정하여 계산할 수 있습니다.

```
>>> c=np.array([[1, 2],[3, 4]])

>>> c
array([[1, 2],
       [3, 4]])

>>> c.sum(axis=0) # 열 방향으로 계산합니다.
array([4, 6])

>>> c.sum(axis=1) # 행 방향으로 계산합니다.
array([3, 7])
```

2.1.2 넘파이 배열의 차원 개수와 차원 크기

넘파이 배열의 차원 개수와 차원별 크기는 넘파이 배열의 shape 속성을 사용하여
정의합니다. shape 속성은 튜플로 출력되는데, 튜플의 원소 개수가 넘파이 배열의
차원 개수이며 각 항목의 값이 각 차원의 크기입니다. 차원 개수만 확인할 수 있는
ndim 속성도 있습니다.

1차원 배열은 하나의 차원을 가지며 넘파이 배열의 shape 속성을 사용 시 리턴되는 튜플의 첫 번째 값이 첫 번째 차원의 크기입니다.

```
>>> import numpy as np

# 정수를 원소로 하는 1차원 넘파이 배열입니다.
>>> A=np.array([1, 2, 3])

>>> type(A[0])
<class 'numpy.int32'>

# 넘파이 배열의 ndim 속성은 배열의 차원 개수를 리턴합니다.
# 1차원 배열의 경우 차원이 1개입니다.
>>> A.ndim
1

# 넘파이 배열의 shape 속성은 배열의 각 차원 크기를 튜플로 리턴합니다.
# 튜플의 원소가 1개이므로 배열이 1차원임을 알 수 있으며 첫 번째 차원의 크
기는 3입니다.
>>> A.shape
(3,)

# 넘파이 배열이 행 방향으로 출력됩니다. 넘파이 배열의 원소 개수는 첫 번째
차원의 크기입니다.
>>> A
array([1, 2, 3])
```

array 함수의 아규먼트로 사용되는 리스트를 중첩하면 2차원 이상의 넘파이 배열을 만들 수 있습니다. 2차원 배열은 리스트를 2번 중복하여 만들어지며 2개의 차원을 가집니다. 넘파이 배열의 shape 속성인 튜플의 첫 번째 원소가 첫 번째 차원의 크기이며, 튜플의 두 번째 원소가 두 번째 차원의 크기를 뜻합니다.

```
# 2차원 넘파이 배열은 1차원 리스트를 원소로 하는 리스트를 아규먼트로 가집
니다.
>>> B=np.array([[1, 2, 3], [4, 5, 6]])
```

```
# 2차원 배열의 경우 차원이 2개입니다.
>>> B.ndim
2

# 튜플의 원소가 2개이므로 배열이 2차원임을 알 수 있으며 첫 번째 차원의 크
기, 두 번째 차원의 크기 순으로 출력됩니다.
>>> B.shape
(2, 3)

# 2차원 배열을 출력해보면 대괄호 사이에 1차원 배열이 줄 단위로 구분되어
첫 번째 차원 크기(2개)만큼 출력됩니다.
# 1차원 배열에는 두 번째 차원 크기(3개)만큼 원소가 포함되어 있습니다.
>>> B
array([[1, 2, 3],
       [4, 5, 6]])
```

3차원 배열은 3개의 차원을 가집니다.

```
# 3차원 NumPy 배열은 2차원 리스트를 원소로 하는 리스트를 아규먼트로 가집니다.
>>> C=np.array([[[1, 2, 3, 4], [4, 5, 6, 7], [8, 9, 10, 11]], [[12, 13, 14,
15], [16, 17, 18, 19], [20, 21, 22, 23]]])

# 3차원 배열의 경우 차원이 3개입니다.
>>> C.ndim
3

# 튜플의 원소가 3개이므로 배열은 3차원임을 알 수 있습니다.
# 첫 번째 차원의 크기, 두 번째 차원의 크기, 세 번째 차원의 크기 순으로 출력됩니다.
>>> C.shape
(2, 3, 4)

# 3차원 배열을 출력해보면 대괄호에 2개의 2차원 배열이 빈 줄로 구분되어 첫 번째 차
원 크기(2개)만큼 출력됩니다.
# 2차원 배열에는 각각 두 번째 차원 크기(3개)만큼 1차원 배열이 줄 단위 구분으로 포함
되어 있습니다.
# 1차원 배열에는 각각 세 번째 차원 크기(4개)만큼 원소가 포함되어 있습니다.
```

```
>>> C
array([[[ 1,  2,  3,  4],
        [ 4,  5,  6,  7],
        [ 8,  9, 10, 11]],

       [[12, 13, 14, 15],
        [16, 17, 18, 19],
        [20, 21, 22, 23]]])
```

2.1.3 넘파이 배열의 원소 접근 방법

넘파이 배열은 차원 개수와 동일한 개수의 인덱스를 사용하여 하나의 원소에 접근
할 수 있습니다. 배열의 차원 개수가 증가함에 따라 [첫 번째 차원 인덱스, 두 번째
차원 인덱스, 세 번째 차원 인덱스…] 순으로 인덱스를 쉼표로 구분하여 적어주면
됩니다. 인덱스는 0부터 시작하며 각 인덱스의 최댓값은 차원의 크기 -1입니다.

1차원 NumPy 배열을 예로 들어보겠습니다. 이 배열의 shape 속성 값은 (3,)입니
다. 1개의 차원만 존재하기 때문에 인덱스 하나로 배열의 원소에 접근할 수 있습니
다. 또한 차원의 크기는 3이기 때문에 인덱스 범위는 0 ~ 2입니다.

```
>>> A=np.array([1, 2, 3])

>>> A
array([1, 2, 3])

>>> A.shape
(3,)

>>> A[0]
1

>>> A[1]
2
```

```
>>> A[2]
3
```

2차원 배열, 3차원 배열은 각각 2개, 3개의 인덱스를 사용하여 원소에 접근합니다.

```
>>> B=np.array([[1, 2, 3], [4, 5, 6]])

>>> B
array([[1, 2, 3],
       [4, 5, 6]])

# 첫 번째 행, 세 번째 열의 원소에 접근합니다.
>>> B[0,2]
3

>>> C=np.array([[[1, 2, 3], [4, 5, 6]], [[7, 8, 9], [10, 11, 12]]])

>>> C
array([[[ 1,  2,  3],
        [ 4,  5,  6]],

       [[ 7,  8,  9],
        [10, 11, 12]]])

>>> C[1,0,2]
9
```

2.1.4 넘파이 배열 시각화 방법

넘파이 배열 출력 시 어떻게 시각화하는지에 대해 좀 더 살펴보도록 하겠습니다. 넘파이 배열이 출력될 때 다음과 같은 규칙을 따릅니다.

• 마지막 차원은 왼쪽에서 오른쪽 방향으로 출력됩니다.
• 나머지 차원은 위에서 아래로 출력됩니다. 원소 간 구별을 위해서 빈 줄을 추가합니다.

1차원 넘파이 배열을 출력하면 [그림 2-2]처럼 하나의 행으로 출력됩니다. 첫 번째 차원(axis 0)의 방향(행 방향)으로 갈수록 첫 번째 차원 인덱스 값이 증가하며(A[0], A[1], A[2], A[3]), 인덱스 최댓값은 shape 속성의 첫 번째 차원 크기 -1입니다. [그림 2-1]처럼 하나의 인덱스를 사용하여 1차원 배열의 원소에 접근할 수 있습니다.

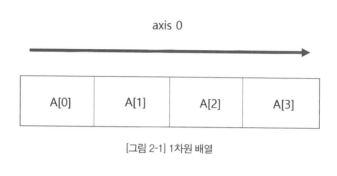

[그림 2-1] 1차원 배열

[그림 2-2] 1차원 배열 출력 결과

```
>>> import numpy as np

>>> A=np.array([0, 1, 2, 3])

>>> A
array([0, 1, 2, 3])

>>> A.shape
(4,)
```

2차원 넘파이 배열을 출력하면 [그림 2-4]처럼 행렬 모양으로 출력됩니다. 첫 번째 차원(axis 0)의 방향(열 방향)으로 갈수록 첫 번째 차원 인덱스 값이 증가하며(B[0, x], B[1, x], B[2, x]) 최댓값은 shape 속성의 첫 번째 차원 크기 -1입니다.

파이썬과 NumPy로 배우는 선형대수

두 번째 차원(axis 1)의 방향(행 방향)으로 갈수록 두 번째 차원 인덱스 값이 증가하며 (B[x, 0], B[x, 1], B[x, 2], B[x, 3]) 최댓값은 shape 속성의 두 번째 차원 크기 -1입니다. [그림 2-3]처럼 2개의 인덱스를 사용하여 2차원 배열의 원소에 접근할 수 있습니다.

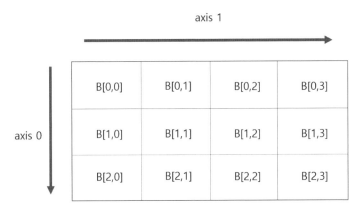

[그림 2-3] 2차원 배열

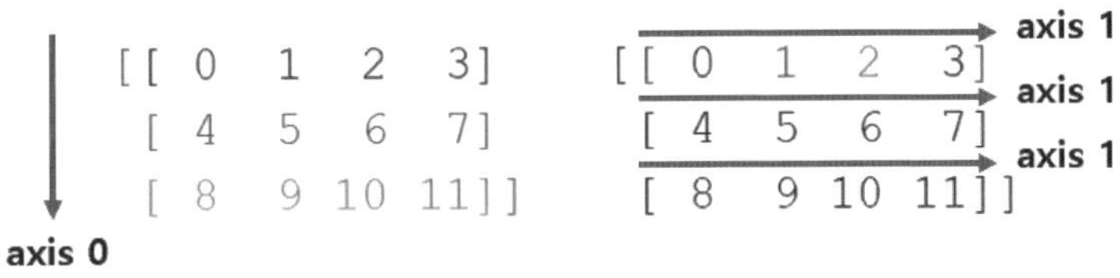

[그림 2-4] 2차원 배열 출력 결과

```
>>> B=np.array([[0, 1, 2, 3], [4, 5, 6, 7], [8, 9, 10, 11]])

>>> B
array([[ 0,  1,  2,  3],
       [ 4,  5,  6,  7],
       [ 8,  9, 10, 11]])

>>> B.shape
(3, 4)
```

3차원 이상의 넘파이 배열부터는 출력 결과만으로 원소의 위치를 파악하기 쉽지 않습니다. 평면에 3차원 이상을 표현하기 힘들기 때문입니다. 그래서 3차원 이상부터는 원소 간 구분을 위해서 빈 줄을 추가합니다. 3차원 배열의 경우 첫 번째 차원과 두 번째 차원이 열 방향, 세 번째 차원이 행 방향입니다. 첫 번째 차원과 두 번째 차원을 구분하기 위해 첫 번째 차원의 원소 사이에 빈 줄이 추가됩니다.

3차원 넘파이 배열을 출력하면 [그림 2-6]처럼 출력됩니다. 첫 번째 차원(axis 0)의 방향(열 방향)으로 갈수록 첫 번째 차원 인덱스 값이 증가하며(C[0, x, x], C[1, x, x]) 최댓값은 shape 속성의 첫 번째 차원 크기 -1입니다.

두 번째 차원(axis 1)의 방향(열 방향)으로 갈수록 두 번째 차원 인덱스 값이 증가하며(C[x, 0, x], C[x, 1, x], C[x, 2, x]) 최댓값은 shape 속성의 두 번째 차원 크기 -1입니다. 세 번째 차원(axis 2)의 방향(행 방향)으로 갈수록 세 번째 차원 인덱스 값이 증가하며(C[x, x, 0], C[x, x, 1], C[x, x, 2], C[x, x, 3]) 최댓값은 shape 속성의 세 번째 차원 크기 -1입니다. [그림 2-5]처럼 3개의 인덱스를 사용하여 3차원 배열의 원소에 접근할 수 있습니다.

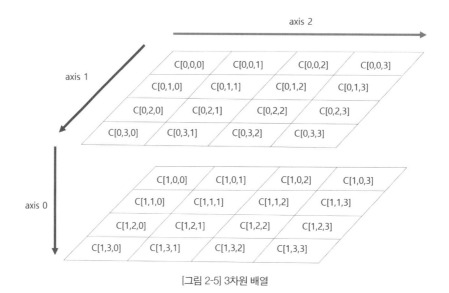

[그림 2-5] 3차원 배열

파이썬과 NumPy로 배우는 선형대수

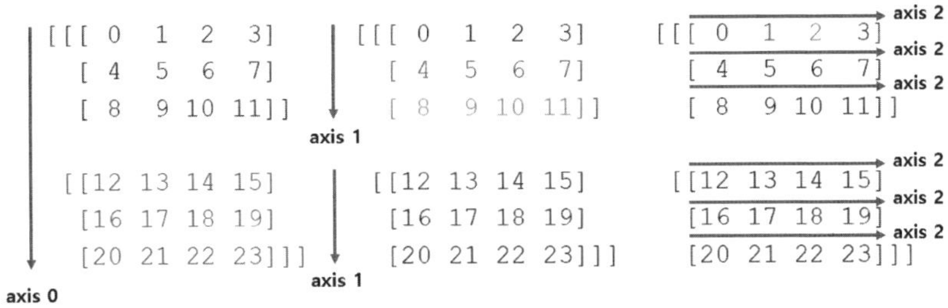

[그림 2-6] 3차원 배열 출력 결과

```
>>> import numpy as np

>>> C=np.arange(24).reshape(2,3,4)

>>> C
array([[[ 0,  1,  2,  3],
        [ 4,  5,  6,  7],
        [ 8,  9, 10, 11]],

       [[12, 13, 14, 15],
        [16, 17, 18, 19],
        [20, 21, 22, 23]]])

>>> C.shape
(2, 3, 4)
```

많은 원소를 포함하고 있는 넘파이 배열을 출력하는 경우, 다음과 같이 중간 부분
이 생략된 채 출력됩니다.

```
>>> print(np.arange(10000).reshape(100,100))
[[   0    1    2 ...   97   98   99]
 [ 100  101  102 ...  197  198  199]
 [ 200  201  202 ...  297  298  299]
 ...
 [9700 9701 9702 ... 9797 9798 9799]
 [9800 9801 9802 ... 9897 9898 9899]
 [9900 9901 9902 ... 9997 9998 9999]]
```

생략 없이 전체 배열을 출력하려면 'set_printoptions' 함수를 호출한 다음 출력해야 합니다.

```
>>> import sys
>>> np.set_printoptions(threshold=sys.maxsize)
```

2.1.5 넘파이 배열과 파이썬 리스트 성능 비교

넘파이 배열과 파이썬 리스트의 사용법은 비슷합니다. 하지만 넘파이 배열이 좀 더 효율적으로 메모리에 데이터를 저장하기 때문에 빠른 연산이 가능합니다. 같은 범위의 정수에 대해서 제곱을 계산한 결과를 비교해보았습니다.

```
>>> import timeit

>>> # 파이썬 리스트
>>> timeit.timeit('[ i**2 for i in A]', setup='A=range(100)')
34.7308771

>>> # NumPy 배열
>>> timeit.timeit('B**2', setup='import numpy as np;B=np.arange(100)')
0.7902281999999943
```

넘파이 배열을 사용한 경우가 훨씬 빠른 것을 볼 수 있습니다. 좀 더 효율적으로 계산을 하기 때문입니다. 파이썬 리스트의 경우에는 루프를 사용하여 리스트의 원소를 하나씩 접근하여 계산해야 합니다.

```
>>> A=[ 1, 2, 3 ]
>>> B=[ 3, 5, 2 ]
>>> C=[]
>>> for a,b in zip(A,B):
...   C.append(a+b)
```

```
...
>>> C
[4, 7, 5]
```

반면, 넘파이 배열의 경우에는 대응하는 원소별로 연산을 하는 벡터라이제이션을
지원하기 때문에 루프 없이 스칼라 계산(1+2)하듯 두 배열을 연산(A+B)할 수 있
습니다.

```
>>> import numpy as np
>>> A=np.array([1, 2, 3])
>>> B=np.array([3, 5, 2])
>>> A+B
array([4, 7, 5])
```

2.1.6 1차원 배열 사용 시 주의점

1차원 배열의 shape 속성을 출력해보면, 튜플의 두 번째 원소 자리가 공백으로 남
겨진 채 출력됩니다.

```
>>> import numpy as np

>>> a=np.array([1, 2, 3, 4])

>>> a.shape
(4,)
```

행벡터라면 (1,4), 열벡터라면 (4,1)의 shape를 가져야 할 듯 보이지만, 넘파이에서
는 1차원 배열의 경우 행벡터와 열벡터 구분 없이 사용됩니다. 그래서 다음과 같이
자기 자신에 대한 행렬 곱셈이 가능합니다. dot 함수는 주어진 두 개의 넘파이 배
열을 행렬 곱셈합니다.

```
>>> import numpy as np

>>> a=np.array([1, 2])

# 첫 번째 배열 a는 (1,2), 두 번째 배열 b는 (2,1)로 사용되었습니다.
>>> np.dot(a, a)
5
```

shape 속성을 (1,4) 또는 (4,1)로 강제로 지정해보면 2차원 배열이 됩니다.

```
>>> import numpy as np

>>> a=np.array([1, 2, 3, 4])

# 행벡터 크기를 갖도록 1차원 배열의 shape 속성을 강제로 바꾸면
>>> a.shape=1,4

>>> a
array([[1, 2, 3, 4]]) # 괄호가 추가되어 2차원 배열이 됩니다.

# 첫 번째 차원의 크기가 1, 두 번째 차원의 크기가 4인 2차원 배열입니다.
>>> a.shape
(1, 4)

# 열벡터처럼 1차원 배열의 shape 속성을 바꾸면
>>> a.shape=4,1

>>> a
array([[1], # 괄호가 추가되어 2차원 배열이 됩니다.
       [2],
       [3],
       [4]])

# 열벡터의 경우에는 1차원 배열의 원소들이 개별 1차원 배열로 바뀌고 줄
단위로 구분되어 출력됩니다.
# 첫 번째 차원의 크기가 4, 두 번째 차원의 크기가 1인 2차원 배열입니다.
>>> a.shape
(4, 1)
```

파이썬과 NumPy로 배우는 선형대수

2.2 넘파이 배열 생성 함수와 shape 변환 함수

2.2.1 정해진 크기 배열 생성 함수

배열의 데이터 개수를 알고 있을 때 사용할 수 있는 함수들입니다. 이번 장에서 소개하는 함수는 지정한 크기(shape)와 데이터 타입(dtype)을 갖는 배열을 생성한다는 점은 동일하며, 채워지는 값만 다릅니다. 디폴트 데이터 타입은 'float64'입니다. 'zeros 함수'는 배열의 모든 원소를 0으로 지정해준 크기의 배열을 생성합니다.

```
>>> import numpy as np

>>> A=np.zeros((2,3))

>>> A
array([[0., 0., 0.],
       [0., 0., 0.]])

>>> A.dtype
dtype('float64')
```

'ones 함수'는 배열의 모든 원소를 1로 지정해준 크기의 배열을 생성합니다.

```
>>> B=np.ones((2,3))

>>> B
array([[1., 1., 1.],
       [1., 1., 1.]])

>>> B.dtype
dtype('float64')
```

'empty 함수'는 초기화되지 않도록 지정한 크기의 배열을 생성합니다. 위 두 함수와 달리 초기화하지 않기 때문에 생성 속도가 빠릅니다. 주의할 점은 메모리 상황에 따라 배열의 초기화된 데이터가 달라지기 때문에 0으로 배열이 채워질 거라고 가정하면 안됩니다.

```
>>> C=np.empty((5,5))

>>> C
array([[6.23042070e-307, 4.67296746e-307, 1.69121096e-306,
        8.01095173e-307, 1.78021798e-306],
       [1.89146896e-307, 7.56571288e-307, 3.11525958e-307,
        1.24610723e-306, 1.37962320e-306],
       [1.29060871e-306, 2.22518251e-306, 1.33511969e-306,
        1.78022342e-306, 1.05700345e-307],
       [1.11261027e-306, 1.11261502e-306, 1.42410839e-306,
        7.56597770e-307, 6.23059726e-307],
       [1.42419530e-306, 7.56599128e-307, 1.78022206e-306,
        8.34451503e-308, 3.91792476e-317]])

>>> C.dtype
dtype('float64')
```

'random 함수'는 0~1 사이의 무작위 값으로 채워진 지정한 크기의 배열을 생성합니다.

```
>>> D=np.random.random((3,3))

>>> D
array([[0.83416765, 0.64591747, 0.15775205],
       [0.74074599, 0.08282584, 0.50992789],
       [0.58804553, 0.25327552, 0.43585917]])
```

'randint 함수'는 지정한 범위 내의 무작위 값으로 채워진 크기의 배열을 생성합니다.

```
>>> # 1~9 사이의 무작위 값을 생성하여 크기 2x2인 배열의 원소로 사용합니다.
>>> E=np.random.randint(1, 10, (2,2))
```

```
>>> E
array([[2, 5],
       [8, 1]])
```

2.2.2 연속 원소 배열 생성 함수

연속적인 원소를 가진 배열을 생성할 수 있는 함수들입니다. 파이썬의 'range'와 사용법이 유사합니다. 'arange 함수'는 주어진 범위 내에서 지정한 간격으로 연속적인 원소를 가진 배열을 생성할 때 사용합니다. 시작 값부터 지정한 간격으로 배열된 원소를 생성합니다. 마지막 값은 범위에서 제외됩니다.

- np.arange(시작 값, 마지막 값, 간격)
- np.arange(시작 값, 마지막 값)
- np.arange(마지막 값)

```
>>> import numpy as np

# 0 <= x < 50 범위 내에서 5 간격으로 숫자를 뽑아서 배열을 생성합니다.
>>> A=np.arange(0, 50, 5)
>>> A
array([0,  5, 10, 15, 20, 25, 30, 35, 40, 45])

# 0.1 <= x < 2.5 범위 내에서 1 간격으로 뽑아서 배열을 생성합니다.
# 간격을 적지 않으면 디폴트 값은 1입니다.
>>> B=np.arange(0.1, 2.5)
>>> B
array([0.1, 1.1, 2.1])

# 0 <= x < 10 범위 내에서 배열을 생성합니다.
# 시작 값과 간격을 적지 않으면 디폴트 값을 사용합니다(시작 값 0, 간격 1).
>>> C=np.arange(10)
>>> C
array([0, 1, 2, 3, 4, 5, 6, 7, 8, 9])
```

'linspace 함수'는 지정한 범위 내에 원하는 원소 개수로 숫자를 뽑아서 배열을 생성합니다. '시작 값 <= x <= 마지막 값' 범위 내에서 일정한 간격으로 지정한 개수만큼 샘플을 뽑아서 배열을 생성합니다.

- np.linspace(시작 값, 마지막 값, 샘플 개수)
- np.linspace(시작 값, 마지막 값)

```
# 0 <= x <= 10 범위 내에서 일정한 간격으로 10개의 샘플을 뽑아서 배열을 생성
합니다.
>>> A=np.linspace(0, 10, 10)

>>> A
array([ 0.        ,  1.11111111,  2.22222222,  3.33333333,  4.44444444,
        5.55555556,  6.66666667,  7.77777778,  8.88888889, 10.        ])

>>> A.size
10

# 샘플 개수를 지정하지 않으면 디폴트 값은 50입니다.
>>> B=np.linspace(0, 100)

>>> B
array([ 0.        ,   2.04081633,   4.08163265,   6.12244898,
        8.16326531,  10.20408163,  12.24489796,  14.28571429,
       16.32653061,  18.36734694,  20.40816327,  22.44897959,
       24.48979592,  26.53061224,  28.57142857,  30.6122449 ,
       32.65306122,  34.69387755,  36.73469388,  38.7755102 ,
       40.81632653,  42.85714286,  44.89795918,  46.93877551,
       48.97959184,  51.02040816,  53.06122449,  55.10204082,
       57.14285714,  59.18367347,  61.2244898 ,  63.26530612,
       65.30612245,  67.34693878,  69.3877551 ,  71.42857143,
       73.46938776,  75.51020408,  77.55102041,  79.59183673,
       81.63265306,  83.67346939,  85.71428571,  87.75510204,
       89.79591837,  91.83673469,  93.87755102,  95.91836735,
       97.95918367, 100.        ])

>>> B.size
50
```

파이썬과 NumPy로 배우는 선형대수

2.2.3 shape 변환 함수

배열의 shape를 변경할 수 있는 함수입니다. 'reshape 메소드'는 배열의 데이터를 공유하는 shape가 다른 배열인 뷰(View)를 생성합니다. 원본 배열의 데이터를 공유하지 않는 새로운 복사본을 만들고 싶으면 추가로 'copy 메소드'를 사용하면 됩니다.

```
# 0~15까지 16개의 원소로 이루어진 1차원 배열 A를 생성
>>> A=np.arange(16)

# ndarray.reshape 메소드를 사용하여 배열 A의 데이터를 공유하지만 shape는 (4,4)인 뷰를 생성합니다.
>>> B=A.reshape(4, 4)


>>> B
array([[ 0,  1,  2,  3],
       [ 4,  5,  6,  7],
       [ 8,  9, 10, 11],
       [12, 13, 14, 15]])

>>> B.shape
(4, 4)


# 다른 배열의 데이터를 공유하고 있는 뷰라면 해당 배열이 출력됩니다.
>>> A.base # 출력되지 않습니다.

>>> B.base
array([ 0,  1,  2,  3,  4,  5,  6,  7,  8,  9, 10, 11, 12, 13, 14, 15]) # A가 출력됩니다.


# B.base와 A가 동일한 객체인지 확인해봅니다.
>>> B.base is A
True


# B는 A의 데이터를 공유합니다.
# 정확히는 배열 A의 데이터가 저장되어 있는 메모리 공간을 공유합니다.
```

```
# 배열 A와 배열 B는 같은 데이터를 공유하고 있습니다.
# 어느 한쪽을 변경하면 A와 B에 모두 반영됩니다.
# 배열 B의 첫번째 행을 모두 -1로 변경하면 배열 A와 B에 모두 반영됩니다.
>>> B[0]=-1
>>> A
array([-1, -1, -1, -1,  4,  5,  6,  7,  8,  9, 10, 11, 12, 13, 14, 15])

>>> B
array([[-1, -1, -1, -1],
       [ 4,  5,  6,  7],
       [ 8,  9, 10, 11],
       [12, 13, 14, 15]])

# reshape 메소드를 사용하여 배열 B의 데이터를 공유하는 shape가 (2,8)인 뷰를 생성한 후
# copy 메소드를 사용하여 뷰의 데이터 복사본을 새로운 메모리 공간에 만듭니다.
>>> C=B.reshape(2,8).copy()

>>> C
array([[-1, -1, -1, -1,  4,  5,  6,  7],
       [ 8,  9, 10, 11, 12, 13, 14, 15]])

>>> C.shape
(2, 8)

>>> C.base # 배열 B의 뷰가 아니기 때문에 아무것도 출력되지 않습니다.


# 배열 C는 배열 B의 뷰가 아니기 때문에 배열 C의 데이터 변경이 배열 B에 영향을 주지 못합니다.
>>> C[0]=0

>>> B
array([[-1, -1, -1, -1],
       [ 4,  5,  6,  7],
       [ 8,  9, 10, 11],
       [12, 13, 14, 15]])

>>> C
array([[ 0,  0,  0,  0,  0,  0,  0,  0],
       [ 8,  9, 10, 11, 12, 13, 14, 15]])
```

파이썬과 NumPy로 배우는 선형대수

차원을 -1로 적으면 배열의 전체 원소 개수와 확정된 차원 크기로부터 남은 차원의
크기를 추론하여 배열을 생성합니다.

```
>>> C = np.arange(16)
>>> C
array([ 0,  1,  2,  3,  4,  5,  6,  7,  8,  9, 10, 11, 12, 13, 14, 15])

# 변환될 배열의 열을 8로 지정하고 행은 -1로 지정하면 자동으로 행의 수가 계산
됩니다.
>>> D = C.reshape(8, -1)

# 자동으로 계산된 크기 8x2인 배열로 변환됩니다.
>>> D
array([[ 0,  1],
       [ 2,  3],
       [ 4,  5],
       [ 6,  7],
       [ 8,  9],
       [10, 11],
       [12, 13],
       [14, 15]])
>>> D.shape
(8, 2)
# 변환될 배열의 행을 8로 지정하고 열은 -1로 지정하면 자동으로 열의 수가 계산
됩니다.
>>> E = C.reshape(-1, 8)

# 자동으로 계산된 크기 2x8인 배열로 변환됩니다.
>>> E
array([[ 0,  1,  2,  3,  4,  5,  6,  7],
       [ 8,  9, 10, 11, 12, 13, 14, 15]])
>>> E.shape
(2, 8)

# -1은 한 번만 사용할 수 있습니다.
>>> F = C.reshape(2, -1, -1)
Traceback (most recent call last):
  File "<stdin>", line 1, in <module>
ValueError: can only specify one unknown dimension
```

'ravel 메소드'는 배열을 1차원 배열로 변환하여 리턴합니다.

```
# 2 x 2 배열을 생성합니다.
>>> A=np.array([[1, 2], [3, 4]])

>>> A
array([[1, 2],
       [3, 4]])

>>> A.shape
(2, 2)

# ravel 메소드는 주어진 배열을 1차원 배열로 변환하여 리턴합니다.
>>> B=A.ravel()

>>> B
array([1, 2, 3, 4])

>>> B.shape
(4,)

>>> B.base
array([[1, 2],    # 배열 B는 뷰이기 때문에 공유해준 배열이 출력됩니다.
       [3, 4]])

# 배열 B가 배열 A의 뷰이기 때문에 True가 출력됩니다.
>>> B.base is A
True
```

'resize 메소드'는 뷰를 생성하지 않고, 배열의 shape를 직접 바꿉니다.

```
>>> A=np.arange(12)

>>> A
array([ 0,  1,  2,  3,  4,  5,  6,  7,  8,  9, 10, 11])

>>> A.resize(3,4)
```

파이썬과 NumPy로 배우는 선형대수

```
>>> A
array([[ 0,  1,  2,  3],
       [ 4,  5,  6,  7],
       [ 8,  9, 10, 11]])
```

'newaxis'는 배열의 차원을 증가시켜줍니다. 1차원 배열을 열벡터 또는 행벡터로 바꿀 때 사용할 수 있습니다.

```
>>> a=np.array([1, 2, 3])

>>> a=a[:,np.newaxis]

>>> a.shape  # 열벡터가 되었습니다.
(3, 1)

>>> a
array([[1],
       [2],
       [3]])

>>> b=np.array([4, 5, 6])

>>> b=b[np.newaxis,:]

>>> b.shape # 행벡터가 되었습니다.
(1, 3)

>>> b
array([[4, 5, 6]])
```

2.2.4 배열 결합 함수

배열을 결합하는 데 사용하는 함수들입니다. 뷰를 리턴하는 것이 아니라, 새로운 배열을 리턴합니다. 그래서 값을 변경해도 배열 생성 시 사용했던 배열들에 영향을 주지 않습니다. 'vstack 함수'는 배열을 열 방향으로 결합합니다.

```
>>> import numpy as np

>>> A=np.array([[1, 2], [3, 4]])
>>> B=np.array([[1, 0], [0, 1]])
>>> A
array([[1, 2],
       [3, 4]])
>>> B
array([[1, 0],
       [0, 1]])

>>> C=np.vstack((A,B))

>>> C
array([[1, 2],
       [3, 4],
       [1, 0],
       [0, 1]])
```

'hstack 함수'는 배열을 행 방향으로 결합합니다.

```
>>> A=np.array([[1, 2], [3, 4]])
>>> B=np.array([[1, 0], [0, 1]])

>>> A
array([[1, 2],
       [3, 4]])
>>> B
array([[1, 0],
       [0, 1]])

>>> D=np.hstack((A,B))
>>> D
array([[1, 2, 1, 0],
       [3, 4, 0, 1]])
```

파이썬과 NumPy로 배우는 선형대수

'column_stack 함수'는 1차원 배열을 열벡터로 하는 2차원 배열을 만듭니다.

```
>>> a=np.array([1, 2, 3])

>>> b=np.array([4, 5, 6])

>>> c=np.array([7, 8, 9])

>>> E=np.column_stack((a,b,c))

>>> E
array([[1, 4, 7],
       [2, 5, 8],
       [3, 6, 9]])
```

'concatenate 함수'는 지정한 차원 방향으로 배열을 결합합니다.

```
>>> A=np.array([[1, 2], [3, 4]])

>>> B=np.array([[1, 0], [0, 1]])

>>> A
array([[1, 2],
       [3, 4]])

>>> B
array([[1, 0],
       [0, 1]])

>>> np.concatenate((A,B), axis=0) # 열 방향
array([[1, 2],
       [3, 4],
       [1, 0],
       [0, 1]])

>>> np.concatenate((A,B), axis=1) # 행 방향
array([[1, 2, 1, 0],
       [3, 4, 0, 1]])
```

2.2.5 배열 분할 함수

넘파이 배열을 2개 이상의 배열로 나눌 때 사용할 수 있는 함수입니다. 'hsplit 함수'
는 배열을 행 방향으로 분할합니다.

```
>>> import numpy as np

>>> A=np.arange(9).reshape(3,3)

# 배열을 행 방향으로 3개로 분할합니다.
>>> a=np.hsplit(A, 3)

>>> A
array([[0, 1, 2],
       [3, 4, 5],
       [6, 7, 8]])

>>> a
[array([[0],
       [3],
       [6]]), array([[1],
       [4],
       [7]]), array([[2],
       [5],
       [8]])]

>>> a[0]
array([[0],
       [3],
       [6]])

>>> a[1]
array([[1],
       [4],
       [7]])

>>> a[2]
array([[2],
       [5],
       [8]])
```

```
>>> B=np.arange(18).reshape(3,6)

>>> B
array([[ 0,  1,  2,  3,  4,  5],
       [ 6,  7,  8,  9, 10, 11],
       [12, 13, 14, 15, 16, 17]])

# 지정한 범위를 기준으로 다음과 같이 3개로 분할합니다.
# B[:,0:2], B[:,2:5], B[:,5:]

>>> b=np.hsplit(B, (2,5))

>>> b[0]
array([[ 0,  1],
       [ 6,  7],
       [12, 13]])

>>> b[1]
array([[ 2,  3,  4],
       [ 8,  9, 10],
       [14, 15, 16]])

>>> b[2]
array([[ 5],
       [11],
       [17]])
```

'vsplit 함수'는 배열을 열 방향으로 분할합니다.

```
>>> A=np.arange(9).reshape(3,3)

>>> A
array([[0, 1, 2],
       [3, 4, 5],
       [6, 7, 8]])
```

```
# 배열을 열 방향으로 3개로 분할합니다.
>>> a=np.vsplit(A,3)

>>> a[0]
array([[0, 1, 2]])

>>> a[1]
array([[3, 4, 5]])

>>> a[2]
array([[6, 7, 8]])


>>> B=np.arange(24).reshape(6,4)

>>> B
array([[ 0,  1,  2,  3],
       [ 4,  5,  6,  7],
       [ 8,  9, 10, 11],
       [12, 13, 14, 15],
       [16, 17, 18, 19],
       [20, 21, 22, 23]])

# 지정한 범위를 기준으로 다음과 같이 3개로 분할합니다.
# B[:1 ,:], B[1:4,:], B[4: ,:]

>>> b=np.vsplit(B, (1,4))

>>> b[0]
array([[0, 1, 2, 3]])

>>> b[1]
array([[ 4,  5,  6,  7],
       [ 8,  9, 10, 11],
       [12, 13, 14, 15]])

>>> b[2]
array([[16, 17, 18, 19],
       [20, 21, 22, 23]])
```

2.3 인덱싱과 슬라이싱

2.3.1 인덱싱

넘파이 배열은 파이썬의 리스트처럼 '인덱싱(Indexing)'이 가능하며, for문을 사용하여 원소들을 하나씩 꺼내올 수도 있습니다.

```
>>> import numpy as np

>>> A=np.arange(0, 15, 2)

>>> A
array([ 0,  2,  4,  6,  8, 10, 12, 14])

# 넘파이 배열의 shape 속성으로 인덱스 범위를 확인할 수 있습니다.
# 0 <= x < 8이 인덱스의 범위입니다.
>>> A.shape
(8,)

# 1차원 배열은 차원이 1개이기 때문에 인덱스 하나를 사용하여 넘파이 배열의
원소에 접근할 수 있습니다.
# 배열 이름[인덱스]를 사용하여 지정한 인덱스에 있는 배열의 원소를 읽어올
수 있습니다.
# 인덱스는 0부터 시작합니다.
>>> A[0]
0

>>> A[1]
2

>>> A[7]
14

# 인덱스가 음수이면 배열의 마지막 인덱스부터 역순으로 원소에 접근합니다.
마지막 인덱스는 -1부터 시작합니다.
```

```
>>> A[-1]
14

>>> A[-2]
12

>>> A[-5]
6
```

다차원 배열의 경우 차원 개수만큼 인덱스를 사용해야 개별 원소에 접근할 수 있습니다.

```
>>> A=np.arange(12).reshape(3,4)

>>> A
array([[ 0,  1,  2,  3],
       [ 4,  5,  6,  7],
       [ 8,  9, 10, 11]])

# 2차원 배열이기 때문에 2개의 인덱스를 사용해야 개별 원소에 접근할 수 있습니다.
>>> A.ndim
2

>>> A[2,2]
10
```

배열의 차원 개수보다 적은 개수의 인덱스를 사용하면 슬라이싱이 됩니다. 슬라이싱은 다음 장에서 다룹니다.

```
>>> A[0]
array([0, 1, 2, 3])
```

행벡터와 열벡터를 분리하여 출력하는 방법입니다.

```
>>> A=np.arange(9).reshape(3,3)
>>> A
array([[0, 1, 2],
       [3, 4, 5],
       [6, 7, 8]])

# 행벡터를 출력합니다.
>>> for row in A:
...       print(row)
...
[0 1 2]
[3 4 5]
[6 7 8]

# 열벡터를 출력합니다.
# A.T는 A의 행과 열을 교환하여 얻게되는 전치행렬입니다.

>>> for column in A.T:
...       print(column)
...
[0 3 6]
[1 4 7]
[2 5 8]
```

배열의 원소를 개별적으로 출력하려면 'flat'을 사용합니다.

```
>>> A = np.arange(9).reshape(3,3)
>>> for a in A.flat:
... print(a)

...
0
1
2
3
4
5
6
7
8
```

2.3.2 슬라이싱

파이썬의 리스트처럼 원본 넘파이 배열의 일부를 지정하여 해당 원소 값들을 읽어오거나 변경할 수 있는데, 이를 '슬라이싱(Slicing)'이라고 합니다. 슬라이싱 결과, 얻어지는 배열을 '슬라이스(Slice)'라고 부릅니다. 슬라이스는 원본 배열의 일부 데이터를 공유하는 뷰(View)입니다. 그래서 공유 중인 데이터 변경 시 서로 영향을 줍니다.

```
>>> import numpy as np
>>> A=np.arange(0, 15, 2) # 1차원 배열
>>> A
array([ 0,  2,  4,  6,  8, 10, 12, 14])

# 슬라이싱은 다음 형태로 이루어집니다.
# 배열 이름[시작 인덱스:끝 인덱스]
# 인덱스 범위는 시작 인덱스 <= index < 끝 인덱스입니다.
# 슬라이스 A[0:3]의 원소는 A[0], A[1], A[2]으로 구성됩니다.
>>> A[0:3]
array([0, 2, 4])

# 시작 인덱스가 0인 경우 생략할 수 있습니다.
>>> A[0:4]
array([0, 2, 4, 6])
>>> A[:4]
array([0, 2, 4, 6])

# 끝 인덱스도 생략할 수 있습니다.
>>> A[6:8]
array([12, 14])
>>> A[6:]
array([12, 14])

# 배열의 전체 원소를 포함하는 슬라이스입니다.
>>> A[:]
array([ 0,  2,  4,  6,  8, 10, 12, 14])

# 첫 번째 원소부터 2씩 건너뛰며 원소를 취합니다.
>>> A[::2]
array([ 0,  4,  8, 12])
```

```
# 하나의 배열을 특정 인덱스를 기준으로 둘로 분리합니다.
# 마지막 2개의 원소를 제외하고 취합니다.
>>> A[:-2]
array([ 0,  2,  4,  6,  8, 10])

# 마지막 2개만 취합니다.
>>> A[-2:]
array([12, 14])

# 슬라이스도 뷰이기 때문에 NumPy 배열과 동일한 속성을 갖습니다.
>>> A[0:3].shape
(3,)
>>> A[0:3].ndim
1

# 배열의 슬라이스를 변경하면 슬라이스의 원소 값뿐만 아니라, 원본 배열에서
해당 부분의 데이터가 변경됩니다.
>>> A
array([ 0,  2,  4,  6,  8, 10, 12, 14])
>>> A[0:3]=100
>>> A
array([100, 100, 100,   6,   8,  10,  12,  14])
```

2차원 이상의 배열은 차원별로 하나의 인덱스를 갖습니다. 하나의 원소에 접근하려면 배열의 차원 개수만큼 인덱스가 필요합니다. 예를 들어, 2차원 배열에서는 2개의 인덱스를 사용하여 하나의 원소에 접근합니다.

```
>>> import numpy as np

>>> A=np.array([[1, 2, 3, 4], [5, 6, 7, 8], [9, 10, 11, 12]])
>>> A
array([[ 1,  2,  3,  4],
       [ 5,  6,  7,  8],
       [ 9, 10, 11, 12]])
>>> A.shape
(3, 4)
```

```
# 2차원 배열은 2개의 인덱스를 사용하여 하나의 원소에 접근할 수 있습니다.
# 차원별로 인덱스는 0부터 시작합니다.
# 다음과 같이 2가지 표현 방법이 있습니다.
>>> A[1,2]
7
>>> A[1][2]
7


# 인덱스 하나만 사용하면 하나의 행을 슬라이싱할 수 있습니다.
>>> A[0] # 또는 A[0,:]
array([1, 2, 3, 4])

>>> A[1] # 또는 A[1,:]
array([5, 6, 7, 8])


# 하나의 열을 슬라이싱합니다.
>>> A[:,0]
array([1, 5, 9])

>>> A[:,1]
array([2, 6, 10])


# 배열의 일부를 슬라이싱해서 값을 변경하면 원본 배열에도 영향을 줍니다.
>>> A
array([[ 1,  2,  3,  4],
       [ 5,  6,  7,  8],
       [ 9, 10, 11, 12]])
>>> A[:2,:2]
array([[1, 2],
       [5, 6]])

>>> A[:2, :2]=0
>>> A
array([[ 0,  0,  3,  4],
       [ 0,  0,  7,  8],
       [ 9, 10, 11, 12]])
```

파이썬과 NumPy로 배우는 선형대수

```
>>> A[:2,:2]
array([[0, 0],
       [0, 0]])
```

배열의 차원 개수보다 인덱스를 적게 입력하면 슬라이싱이 됩니다.

```
>>> A = np.arange(12).reshape(3,4)
>>> A
array([[ 0,  1,  2,  3],
       [ 4,  5,  6,  7],
       [ 8,  9, 10, 11]])


>>> A[0] # 배열의 첫 번째 행을 슬라이싱합니다.
array([0, 1, 2, 3])

>>> A[1] # 배열의 두 번째 행을 슬라이싱합니다.
array([4, 5, 6, 7])

# 하나 이상의 인덱스를 생략 시 ...를 사용할 수 있습니다.
>>> A[...,0] # 첫 번째 열을 슬라이싱합니다.
array([0, 4, 8])

>>> A[...,1] # 두 번째 열을 슬라이싱합니다.
array([1, 5, 9])
```

2.4 얕은 복사와 깊은 복사

넘파이 배열을 다룰 때 다음 3가지 경우가 있습니다.

- **대입**

  넘파이 배열을 가리키는 변수를 다른 변수에 대입하면, 2개의 변수가 하나의 넘파이 배열을 가리킵니다.

- **얕은 복사(Shallow Copy)**

  배열의 shape를 변경하는 함수를 사용하거나 슬라이싱을 하면 원본 배열의 데이터를 공유하는 새로운 넘파이 배열 객체를 생성합니다.

- **깊은 복사(Deep Copy)**

  copy 메소드를 사용하면 새로운 넘파이 배열의 객체의 메모리 공간에 데이터를 복사합니다.

2.4.1 대입

배열을 생성하여 변수에 대입한 다음 이 변수를 다시 다른 변수에 대입하면, 하나의 넘파이 배열을 가리키는 2개의 변수가 생깁니다.

```
>>> import numpy as np

>>> a=np.arange(12)
>>> b=a

# a와 b는 똑같은 데이터를 가집니다.
>>> a == b
```

```
array([ True,    True,    True,    True,    True,    True,    True,    True,    True,
        True,    True,    True])

# 변수 a와 b가 같은 넘파이 배열 객체를 가리키고 있습니다.
>>> a is b
True

# 원소를 수정하면 서로 영향을 줍니다.
>>> a[0]=100
>>> b[11]= -1
>>> a
array([100,    1,    2,    3,    4,    5,    6,    7,    8,    9,    10,    -1])
>>> b
array([100,    1,    2,    3,    4,    5,    6,    7,    8,    9,    10,    -1])

# b의 shape를 변경하면 a의 shape도 변경됩니다.
>>> b.shape=3,4
>>> a.shape
(3, 4)

# 함수로 전달될 때에도 같은 넘파이 객체에 접근합니다.
# 함수 아규먼트의 id와 함수 파라미터의 id값이 동일합니다.
>>> def f(x):
...     print(id(x))
...
>>> a=np.array([1,2])
>>> id(a)
2766820593296
>>> f(a)
2766820593296
```

2.4.2 얕은 복사

얕은 복사(Shallow Copy)를 하면 기존 배열의 원소를 공유하는 새로운 배열을 생성합니다. 새로 생성된 배열을 뷰(View)라고 부릅니다. 원소를 공유하기 때문에 한쪽 배열을 수정하면 다른 배열의 데이터도 수정됩니다.

```
>>> import numpy as np

>>> a=np.arange(12)

# a의 뷰로서 b를 생성합니다.
>>> b=a.view()

# b는 a의 데이터를 공유합니다.
>>> a
array([ 0,  1,  2,  3,  4,  5,  6,  7,  8,  9, 10, 11])
>>> b
array([ 0,  1,  2,  3,  4,  5,  6,  7,  8,  9, 10, 11])

# 다음과 같이 b가 공유하는 메모리 공간은 a가 할당받은 메모리라는 것을 확
인할 수 있습니다.
>>> b.base is a
True

# 데이터는 공유하고 있지만 a와 b는 서로 다른 NumPy 배열 객체입니다.
>>> a is b
False

# 같은 데이터를 공유하기 때문에 한쪽을 바꾸면 다른 쪽에 반영됩니다.
>>> a[0]=-1
>>> b[11]=100
>>> a
array([ -1,   1,   2,   3,   4,   5,   6,   7,   8,   9,  10, 100])
>>> b
array([ -1,   1,   2,   3,   4,   5,   6,   7,   8,   9,  10, 100])

# 하지만 다른 넘파이 배열 객체이기 때문에 한쪽의 shape을 변경해도 다른
쪽에 반영이 안됩니다.
```

```
>>> a.resize(3,4)
>>> a
array([[ -1,   1,   2,   3],
       [  4,   5,   6,   7],
       [  8,   9,  10, 100]])
>>> b
array([ -1,   1,   2,   3,   4,   5,   6,   7,   8,   9,  10, 100])
```

현재 a와 b는 다른 shape이지만, 같은 데이터를 공유하기 때문에 값을 변경
하면 서로 영향을 미칩니다.
```
>>> a[0,2]=10000
>>> a
array([[   -1,      1, 10000,      3],
       [    4,      5,      6,      7],
       [    8,      9,     10,    100]])
>>> b
array([   -1,      1, 10000,      3,      4,      5,      6,      7,      8,
            9,     10,    100])
```

슬라이싱하면 뷰를 리턴합니다. 데이터를 공유하기 때문에 수정하면 영향을
미칩니다.
```
>>> c=a[0]
>>> c[:]=0
>>> c
array([0, 0, 0, 0])
>>> a
array([[ 0,  0,  0,  0],
       [ 4,  5,  6,  7],
       [ 8,  9, 10, 100]])
>>> b
array([ 0,  0,  0,  0,  4,  5,  6,  7,  8,  9, 10, 100])
```

2.4.3 깊은 복사

기존 배열의 데이터를 공유하지 않는 복사본이 필요한 경우 'copy 메소드'를 사용할 수 있습니다. 배열의 shape을 변경하거나 배열의 부분을 슬라이싱한 경우, copy 메소드를 추가로 적용하면 기존 배열의 데이터를 공유하지 않고 새로운 메모리 공간에 데이터를 복사해서 사용합니다.

```
>>> import numpy as np

>>> a=np.arange(12)

# ndarray.copy 메소드를 사용하면 새로운 NumPy 객체의 새로운 메모리 공간
에 배열 a의 데이터를 복사합니다.
>>> b=a.copy()

# a와 b는 같은 데이터를 갖고 있습니다.
>>> a == b
array([ True,  True,  True,  True,  True,  True,  True,  True,  True,
        True,  True,  True])

# 하지만 a와 b는 서로 다른 NumPy 배열 객체입니다.
>>> a is b
False

# b는 a의 데이터를 공유하지 않습니다.
>>> b.base is a
False

# 따라서 데이터를 변경해도 서로 영향을 주지 않습니다.
>>> a[0]=-1
>>> b[11]=100
>>> a
array([-1,  1,  2,  3,  4,  5,  6,  7,  8,  9, 10, 11])
>>> b
array([  0,   1,   2,   3,   4,   5,   6,   7,   8,   9,  10, 100])
```

파이썬과 NumPy로 배우는 선형대수

2.5 산술 연산과 브로드캐스팅

넘파이에서 배열 연산은 다음과 같은 2가지 경우가 있습니다.

- 같은 크기의 배열 간의 연산
- 다른 크기의 배열 간의 연산

2.5.1 같은 크기의 배열 간의 산술 연산

같은 크기의 배열 간의 연산은 같은 위치에 있는 원소 간의 연산으로 결과가 계산됩니다.

예를 들어 배열 A, B가 있다고 할 때

$$A = [a_1, a_2, a_3, a_4]$$
$$B = [b_1, b_2, b_3, b_4]$$

배열 A와 B 사이의 산술 연산은 다음과 같이 같은 위치에 있는 원소 간의 연산입니다. 곱셈 연산자(*)와 나눗셈 연산자(/)는 수학을 통해 배운 행렬 연산과 차이가 있는 부분입니다.

$$A + B = [a_1 + b_1, a_2 + b_2, a_3 + b_3, a_4 + b_4]$$
$$A - B = [a_1 - b_1, a_2 - b_2, a_3 - b_3, a_4 - b_4]$$
$$A * B = [a_1 * b_1, a_2 * b_2, a_3 * b_3, a_4 * b_4]$$
$$A / B = [a_1 / b_1, a_2 / b_2, a_3 / b_3, a_4 / b_4]$$

NumPy 예제 코드로 실제 작동을 확인해보겠습니다.

```
>>> import numpy as np

>>> A=np.array([2, 4, 6, 8]).reshape(2,2)

>>> B=np.array([2, 2, 2, 2]).reshape(2,2)

>>> A
array([[2, 4],
       [6, 8]])
>>> B
array([[2, 2],
       [2, 2]])

# 행렬 간의 덧셈과 동일합니다.
# 두 배열의 같은 위치에 있는 원소 간의 덧셈으로 계산됩니다.
>>> A+B
array([[ 4,  6],
       [ 8, 10]])

# 행렬 간의 뺄셈과 동일합니다.
# 두 배열의 같은 위치에 있는 원소 간의 뺄셈으로 계산됩니다.
>>> A-B
array([[0, 2],
       [4, 6]])

# * 연산자를 사용한 결과가 행렬 곱셈과 다르다는 것에 주의해야 합니다.
# 두 배열의 같은 위치에 있는 원소 간의 곱셈으로 계산됩니다.
>>> A*B
array([[ 4,  8],
       [12, 16]])

# 행렬 곱셈처럼 계산하려면 numpy.dot 함수나 dot 메소드를 사용해야 합니다.
>>> np.dot(A,B)  # A.dot(B)
array([[12, 12],
       [28, 28]])

#파이썬 3.5 이상에서는 @ 연산자로 행렬 곱셈이 가능합니다.
>>> A@B
```

```
array([[12, 12],
       [28, 28]])

# 두 배열의 같은 위치에 있는 원소 간의 나눗셈으로 계산됩니다.
>>> A/B
array([[1., 2.],
       [3., 4.]])
```

2.5.2 다른 크기의 배열 간의 산술 연산

넘파이에서는 계산의 효율성을 위해서 브로드캐스팅을 이용한 연산을 지원합니다. 스칼라 또는 적은 차원 개수를 가진 배열을 많은 차원 개수를 가진 배열의 크기와 동일하게 만든 후에 연산을 진행합니다. 브로드캐스팅이 가능한지 여부는 다음 과정을 통해 알 수 있습니다.

❶ 두 배열의 차원 개수가 같아지도록 적은 차원 개수를 가진 배열에 차원을 추가합니다. shape의 기존 항목 왼쪽에 1을 추가한다고 생각하면 됩니다. 두 배열의 차원 개수가 같으면 할 필요가 없습니다. 예를 들어, 배열 A와 B의 shape가 다음과 같다고 할 때

A.shape=(2, 3, 4, 5)
B.shape=(5,)

배열 A와 배열 B의 차원 개수가 같아질 때까지 배열 B의 shape 왼쪽에 1을 추가합니다.

A.shape=(2, 3, 4, 5)
B.shape=(1, 1, 1, 5)

❷ 이제 두 배열의 shape를 비교합니다. 대응하는 차원 크기가 같거나 한쪽이 1인

경우에만 브로드캐스팅이 가능합니다. 첫 번째 차원부터 세 번째 차원까지는 배열 B만 차원 크기가 1이고 네 번째 차원은 차원 크기가 같기 때문에 브로드캐스팅이 가능합니다.

A.shape=(2, 3, 4, 5)
B.shape=(1, 1, 1, 5)

몇 가지 예를 더 들어 보겠습니다.

브로드캐스팅이 가능한 경우	브로드캐스팅이 불가능한 경우
(2, 1, 3, 1) (6, 1, 3)	(3,) (4,)
(2, 3, 4) (3, 1)	(2, 1) (8, 4, 3)
(3, 3, 5) (3, 1, 5)	(1, 4) (3,)
(5, 1) (1, 3)	

shape가 (3,4)인 2차원 배열과 shape가 (4,)인 1차원 배열의 덧셈 연산을 통해 어떤 방식으로 연산이 이루어지는지 살펴보겠습니다.

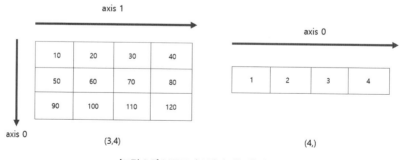

[그림 2-7] 브로드캐스팅이 가능한 경우 1

파이썬과 NumPy로 배우는 선형대수

```
>>> import numpy as np

>>> A=np.arange(10,130,10).reshape(3,4)

>>> A
array([[ 10,  20,  30,  40],
       [ 50,  60,  70,  80],
       [ 90, 100, 110, 120]])

>>> B=np.arange(1,5)

>>> B
array([1, 2, 3, 4])

>>> A+B
array([[ 11,  22,  33,  44],
       [ 51,  62,  73,  84],
       [ 91, 102, 113, 124]])
```

❶ 두 배열의 차원 개수를 맞추기 위해서 1차원 배열의 shape에 1을 추가합니다. 브로드캐스팅을 이용한 연산 과정에서 실제 배열의 shape 속성이 변하지는 않습니다. 이제 두 배열의 차원 개수가 2개로 동일해졌습니다. shape 속성을 비교해봤을 때 차원 크기가 동일하거나 한쪽의 차원 크기가 1이기 때문에 브로드캐스팅이 가능한 경우입니다.

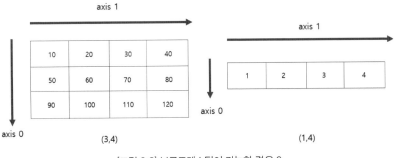

[그림 2-8] 브로드캐스팅이 가능한 경우 2

❷ 앞에서 1이 추가된 첫 번째 차원 축 방향으로 배열 원소가 반복적으로 복사됩니다. 두 번 복사가 이루어지면 두 배열의 shape가 (3,4)로 같아집니다.

이제 두 배열의 크기(shape)가 같아졌기 때문에 덧셈 연산이 가능합니다.

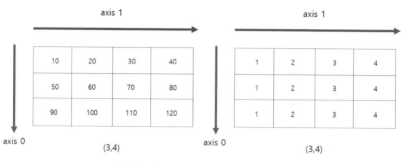

[그림 2-9] 브로드캐스팅이 가능한 경우 3

❸ 두 배열의 덧셈 연산은 같은 위치에 있는 원소 간의 덧셈 연산으로 이루어집니다.

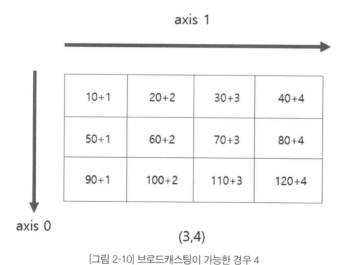

[그림 2-10] 브로드캐스팅이 가능한 경우 4

이번엔 브로드캐스팅이 일어날 수 없는 경우입니다. 예를 들어, shape이 (3, 4)인 2차원 배열과 shape가 (3,)인 1차원 배열을 덧셈 연산하는 경우를 봅시다.

파이썬과 NumPy로 배우는 선형대수

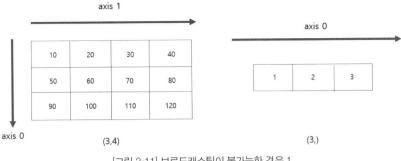

[그림 2-11] 브로드캐스팅이 불가능한 경우 1

```
>>> import numpy as np

>>> A=np.arange(10,130,10).reshape(3,4)

>>> A
array([[ 10,  20,  30,  40],
       [ 50,  60,  70,  80],
       [ 90, 100, 110, 120]])

>>> B=np.arange(1,4)

>>> B
array([1, 2, 3])

>>> A+B
Traceback (most recent call last):
  File "<stdin>", line 1, in <module>
ValueError: operands could not be broadcast together with shapes (3,4) (3,)
```

❶ 우선 차원의 개수를 맞추기 위해 1차원 배열의 shape에 1을 추가합니다. 이제 두 배열의 차원 개수가 똑같이 2개로 일치되었습니다. 하지만 두 배열의 shape 를 비교해보면 두 번째 차원의 크기가 다르기 때문에 브로드캐스팅이 일어날 수 없습니다.

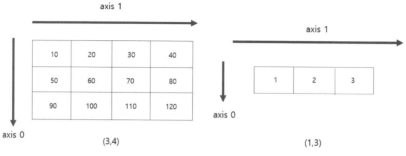

[그림 2-12] 브로드캐스팅이 불가능한 경우 2

❷ 배열 복사가 일어난다고 해도 다음과 같이 두 배열의 shape은 같지 않습니다. 따라서 두 배열은 브로드캐스팅을 이용하여 덧셈 연산을 할 수 없습니다.

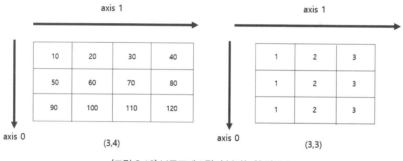

[그림 2-13] 브로드캐스팅이 불가능한 경우 3

스칼라와 배열 사이의 연산의 경우에는 스칼라가 배열과 같은 shape으로 브로드캐스팅이 일어나서 연산이 이루어집니다.

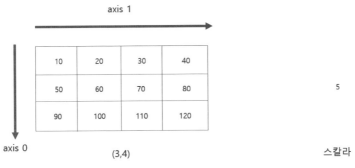

[그림 2-14] 넘파이 배열과 스칼라 간 브로드캐스팅 1

```
>>> import numpy as np

>>> A=np.arange(10,130,10).reshape(3,4)

>>> B=5

>>> A+B
array([[ 15,  25,  35,  45],
       [ 55,  65,  75,  85],
       [ 95, 105, 115, 125]])
```

스칼라값이 첫 번째 축, 두 번째 축 방향으로 값을 복사하여 배열과 같은 크기가 되
도록 합니다.

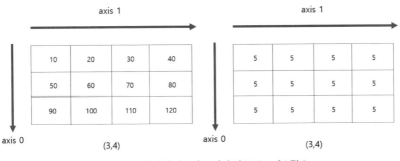

[그림 2-15] 넘파이 배열과 스칼라 간 브로드캐스팅 2

대응하는 원소끼리 더하여 결과를 얻습니다.

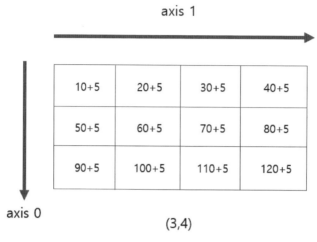

[그림 2-16] 넘파이 배열과 스칼라 간 브로드캐스팅 3

파이썬과 NumPy로 배우는 선형대수

$$\alpha$$

$$\|u\| = \sqrt{u \cdot u} = \sqrt{\sum_{i=1}^{n} u_i^2} \quad \%_0$$

$$\Longleftrightarrow \sum \qquad n_l$$

$$W_{ij}^{(l)} - \alpha \frac{\partial}{\partial W_{ij}^{(l)}} J(W, b)$$

Chapter

3

$$\frac{1}{m} \sum_{i=1}^{m} \left(\frac{1}{2} \left\| y^{(i)} - h_{W,b}(x^{(i)}) \right\|^2 \right)$$

선형대수

$$\delta_i^{(l)} = \frac{\partial}{\partial z_i^{(l)}} J(W, b; x, y)$$

3.1 맷플롯리브

'맷플롯리브(matplotlib)'는 그래프를 그릴 때 사용하는 라이브러리입니다. 여기서는 본문에서 사용하는 부분만 설명합니다. 우선 맷플롯리브를 설치합니다. '윈도우키+R'을 누르고 실행창에서 'cmd'를 입력한 다음, 엔터를 눌러 명령 프롬프트를 실행합니다. 다음과 같은 명령을 명령 프롬프트 창에 입력하여 맷플롯리브를 설치합니다.

```
pip install matplotlib
```

3.1.1 점 그리기

좌표축이 있는 2차원 평면에 'scatter 함수'를 사용하여 지정한 좌표에 점을 그리는 예제입니다.

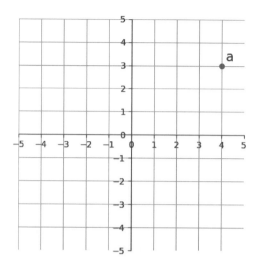

[그림 3-1] 2차원 평면에 점 그리기

```python
import numpy as np
import matplotlib.pyplot as plt


# 좌표 (4, 3) 지정
a=np.array([4, 3])


# Figure 객체를 만든 후
fig=plt.figure()
# 1x1개의 서브플롯(subplot)을 추가하고, 첫 번째 서브플롯을 사용합니다.
ax=fig.add_subplot(1, 1, 1)


# 변수 a의 값을 좌표로 사용하여 점을 그립니다.
# a[0]이 x좌표, a[1]이 y좌표입니다. s는 점의 크기입니다.
ax.scatter(a[0], a[1], s=30)


# 점 옆에 문자 a를 표시합니다. size는 문자의 크기입니다.
ax.text(a[0]+0.2, a[1]+0.2, 'a', size=15)
```

파이썬과 NumPy로 배우는 선형대수

```python
# x축, y축 눈금 범위를 -5 ~ 5로 지정합니다.
ax.set_xticks(range(-5, 6))
ax.set_yticks(range(-5, 6))

# 그리드를 좌표축 아래에 표시합니다.
ax.grid()
ax.set_axisbelow(True)

# x축과 y측 눈금의 비율을 1:1로 합니다.
# 창의 크기를 변경해도 비율이 유지됩니다.
ax.set_aspect('equal', adjustable='box')


# 다음 코드를 사용하여 원점에 좌표축이 보이게 합니다.
# 왼쪽 y축과 아래 x축을 (0,0)으로 이동합니다.
ax.spines['left'].set_position('zero')
ax.spines['bottom'].set_position('zero')

# 위쪽과 오른쪽 축을 제거합니다.
ax.spines['right'].set_color('none')
ax.spines['top'].set_color('none')


# 화면에 그래프가 그려진 창을 보여줍니다.
plt.show()
```

3.1.2 화살표 그리기

'quiver 함수'를 사용하여 2차원 평면에 화살표를 그리는 예제입니다. 벡터를 나타내기 위해 사용합니다.

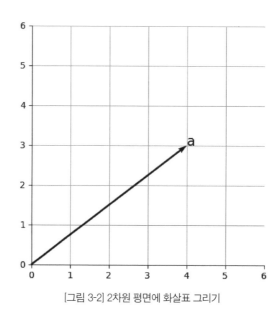

[그림 3-2] 2차원 평면에 화살표 그리기

```
import numpy as np
import matplotlib.pyplot as plt


# 벡터 a를 정의합니다.
a=np.array([4, 3])


fig=plt.figure()
ax=fig.add_subplot(1, 1, 1)

# 시작 위치는 (0, 0)이고 화살표가 그려지는 끝 위치는 변수 a의 값을 좌표로
사용하는 화살표를 그립니다.
```

파이썬과 NumPy로 배우는 선형대수

```
# a[0]과 a[1]이 각각 끝 위치의 x좌표, y좌표입니다.
ax.quiver(0, 0, a[0], a[1], angles='xy', scale_units='xy', scale=1)
ax.text(a[0], a[1], 'a', size=15)


# x축, y축 눈금 범위를  0에서 6으로 지정합니다.
ax.set_xticks(range(0, 7))
ax.set_yticks(range(0, 7))
ax.grid()
ax.set_axisbelow(True)
ax.set_aspect('equal', adjustable='box')


ax.spines['left'].set_position('zero')
ax.spines['bottom'].set_position('zero')
ax.spines['right'].set_color('none')
ax.spines['top'].set_color('none')

plt.show()
```

3.1.3 다수의 서브플롯 사용하기

2개의 서브플롯을 생성하여 각각 다른 그래프를 그리는 예제입니다.

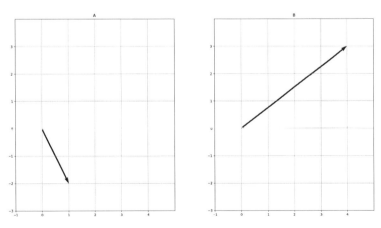

[그림 3-3] 2개의 서브플롯 사용하기

```python
import numpy as np
import matplotlib.pyplot as plt


# 벡터 A와 B를 생성합니다.
A=np.array([1, -2])
B=np.array([4, 3])


# 1개의 행과 2개의 열을 가지는 서브플롯을 생성합니다.
f, ax= plt.subplots(1, 2)

# 다음과 같이 인덱스를 사용하여 각 서브플롯을 사용합니다.
# 각 서브플롯 상단에 텍스트를 추가합니다.
ax[0].title.set_text('A')
ax[1].title.set_text('B')


# 각 서브플롯에 시작점이 (0,0)인 벡터를 그립니다.
ax[0].quiver(0, 0, A[0], A[1], angles='xy', scale_units='xy', scale=1)
ax[1].quiver(0, 0, B[0], B[1], angles='xy', scale_units='xy', scale=1)

# 서브플롯별로 그리드를 생성합니다.
start_x=-1
end_x=5
start_y=-3
end_y=4
for i in range(2):
    ax[i].axis([start_x, end_x, start_y, end_y])
    ax[i].set_xticks(range(start_x, end_x))
    ax[i].set_yticks(range(start_y, end_y))
    ax[i].grid(True)
    ax[i].set_aspect('equal', adjustable='box')


plt.show()
```

파이썬과 NumPy로 배우는 선형대수

3.1.4 3차원 공간에 화살표 그리기

'quiver 함수'를 사용하여 3차원 공간에 화살표를 그리는 예제입니다.

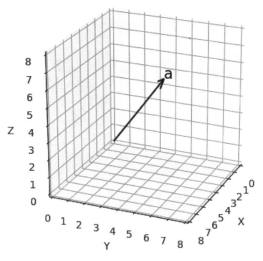

[그림 3-4] 3차원 공간에 화살표 그리기

```
import numpy as np
import matplotlib.pyplot as plt

# 3차원 그래프를 그리기 위해 추가해야 하는 모듈입니다.
from mpl_toolkits.mplot3d import Axes3D


# 3차원 벡터 a
a=np.array([4, 5, 6])


fig=plt.figure()

# 서브플롯에서 3차원 좌표계를 사용합니다.
ax=fig.add_subplot(1, 1, 1, projection='3d')
```

```
# 시작점이 (0,0,0)이고 끝점 좌표가 변수 a의 값인  화살표를 그립니다.
# a[0], a[1], a[2]가 각각 x, y, z 좌표입니다.
ax.quiver(0, 0, 0, a[0], a[1], a[2], color='black', arrow_length_ratio=0.1)
ax.text( a[0], a[1], a[2], 'a', size=15)


# x, y, z 좌표축 범위가 각각 0에서 8인 그리드를 생성합니다.
ax.set_xlim(0, 8)
ax.set_ylim(0, 8)
ax.set_zlim(0, 8)
ax.set_xlabel('X')
ax.set_ylabel('Y')
ax.set_zlabel('Z')
ax.view_init(elev=20., azim=5)
ax.grid()
ax.set_axisbelow(True)
ax.set_aspect('equal', adjustable='box')

plt.show()
```

3.2 벡터의 정의

'벡터(vector)'는 크기와 방향으로 양을 나타내는 방법입니다. x좌표와 y좌표처럼
2개 이상의 데이터를 벡터로 나타낼 수 있습니다. 데이터 값을 좌표로 사용하여
원점을 기준으로 x좌표와 y좌표로 구성된 벡터는 평면상의 점으로 나타낼 수 있
습니다.

반면, '스칼라(scala)'는 크기만을 사용하여 양을 나타냅니다. x좌표처럼 하나의 데
이터만 스칼라로 나타낼 수 있습니다. 데이터 값을 좌표로 사용하여 원점을 기준
으로 데이터를 1차원 직선 상의 점으로 나타낼 수 있습니다.

크기 n인 벡터는 n개의 원소를 가진 배열로 볼 수 있으며 괄호를 사용하여

$$x = \begin{bmatrix} x_1 \\ x_2 \\ \vdots \\ x_n \end{bmatrix}$$

으로 나타냅니다. 집합의 경우에는 순서를 따지지 않기 때문에 같은 원소로만 구성되면 같다고 말하지만, 벡터의 경우에는 구성하는 원소의 순서를 따지기 때문에 동일한 원소를 가진 벡터라도 원소의 순서가 같지 않으면 다른 벡터입니다.

$$\begin{bmatrix} 1 \\ 2 \\ 5 \end{bmatrix} = \begin{bmatrix} 1 \\ 2 \\ 5 \end{bmatrix} \neq \begin{bmatrix} 2 \\ 5 \\ 1 \end{bmatrix}$$

크기 n인 모든 벡터의 집합을 R^n이라고 하며 n차원을 가진 공간을 의미합니다. 예를 들어, R^2는 크기 2인 벡터(2차원 벡터라고 합니다)의 집합으로 2차원 평면을 의미합니다. 하나의 2차원 벡터는 2차원 평면인 R^2상의 한 점입니다. 비슷하게 R^3는 3차원 공간이며, 3차원 벡터는 3차원 공간인 R^3상의 한 점입니다.

벡터를 화살표로 나타낼 수 있습니다. 예를 들어, 화살표의 시작점을 2차원 평면의 원점에 맞추면 화살표의 끝점은 벡터의 원소 값이 됩니다. 2차원 벡터를 구성하는 두 성분이 순서대로 각각 x좌표, y좌표입니다. 예를 들어, 벡터 a의 경우 원점에서 시작하여 x좌표 4, y좌표 3인 점에 도달하는 화살표로 표현됩니다.

$$a = \begin{bmatrix} 4 \\ 3 \end{bmatrix}$$

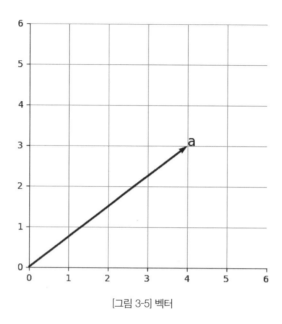

[그림 3-5] 벡터

넘파이의 'array 함수'를 사용하여 생성한 1차원 배열로 벡터를 나타냅니다.

```python
import numpy as np
import matplotlib.pyplot as plt

# 벡터 [4 3]
a=np.array([4, 3])


fig=plt.figure()
ax=fig.add_subplot(1, 1, 1)

# 벡터를 화살표로 나타냅니다.
# 시작점은 원점, 끝점은 벡터 [4 3]입니다.
ax.quiver(0, 0, a[0], a[1], angles='xy', scale_units='xy', scale=1)
ax.text(a[0], a[1], 'a', size=15)


ax.set_xticks(range(0, 7))
ax.set_yticks(range(0, 7))
```

파이썬과 NumPy로 배우는 선형대수

```
ax.grid()
ax.set_axisbelow(True)
ax.set_aspect('equal', adjustable='box')

ax.spines['left'].set_position('zero')
ax.spines['bottom'].set_position('zero')
ax.spines['right'].set_color('none')
ax.spines['top'].set_color('none')

plt.show()
```

벡터의 형태에 따라 '열벡터(column vector)'와 '행벡터(row vector)'가 있습니다.
예를 들어, 벡터 a는 2개의 행과 1개의 열을 가지며, 크기 2인 열벡터라고 합니다.
벡터 b는 1개의 행과 3개의 열을 가지며, 크기 3인 행벡터라고 합니다. 벡터는 성
분으로 구성됩니다. 예를 들어, 벡터 a는 2개의 성분으로 구성되어 있으며, 첫 번
째 성분 a_1은 4, 두 번째 성분 a_2는 3입니다.

$$a = \begin{bmatrix} 4 \\ 3 \end{bmatrix}, \quad b = \begin{bmatrix} 2 & 5 & 1 \end{bmatrix}$$

선형대수에서 기본적으로 벡터를 열벡터로 표현하며 필요시 '전치(transpose)' 연
산을 하여 행벡터로 표현합니다. 전치는 벡터의 행과 열을 바꾸는 연산입니다. 열
벡터 a를 전치하여 행벡터로 표현하면 다음과 같습니다. 전치된 벡터에는 위첨자
T를 붙입니다.

$$a^T = \begin{bmatrix} 4 & 3 \end{bmatrix}$$

벡터를 화살표로 나타낼 때 화살표의 시작점이 어디이든 화살표의 크기와 방향만
같으면 동일한 벡터를 나타냅니다. 다음 그림은 시작점이 다른 벡터 a를 보여주고
있습니다.

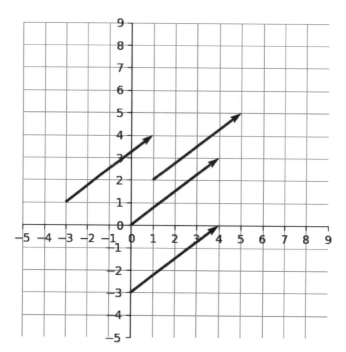

[그림 3-6] 시작점이 다른 벡터

```
import numpy as np
import matplotlib.pyplot as plt


# 벡터 [4 3]
a=np.array([4, 3])


fig=plt.figure()
ax=fig.add_subplot(1, 1, 1)


# 원점에서 시작하는 벡터 a를 그립니다.
ax.quiver(0, 0, a[0], a[1], angles='xy', scale_units='xy', scale=1)

# (0, -3)에서 시작하는 벡터 a를 그립니다.
ax.quiver(0, -3, a[0], a[1], angles='xy', scale_units='xy', scale=1)
```

파이썬과 NumPy로 배우는 선형대수

```
# (1, 2)에서 시작하는 벡터 a를 그립니다.
ax.quiver(1, 2, a[0], a[1], angles='xy', scale_units='xy', scale=1)

# (-3, 1)에서 시작하는 벡터 a를 그립니다.
ax.quiver(-3, 1, a[0], a[1], angles='xy', scale_units='xy', scale=1)


start=-5
end=10

ax.set_xticks(range(start, end))
ax.set_yticks(range(start, end))
ax.grid()
ax.set_axisbelow(True)
ax.set_aspect('equal', adjustable='box')


ax.spines['left'].set_position('zero')
ax.spines['bottom'].set_position('zero')
ax.spines['right'].set_color('none')
ax.spines['top'].set_color('none')

plt.show()
```

넘파이에서 1차원 배열은 열벡터 또는 행벡터로 사용할 수 있기 때문에 1차원 넘파이 배열의 shape 속성에 두 번째 항이 없습니다. 그래서 전치 연산을 적용해도 shape에 변화가 없습니다.

```
>>> import numpy as np

>>> a=np.array([1, 3])

>>> a.shape
(2,)

>>> a.T.shape
(2,)
```

1차원 넘파이 배열의 shape 속성에 크기를 지정하여, 엄격히 열벡터 또는 행벡터로 지정할 수 있습니다. 이 경우, 넘파이 배열은 2차원 배열이 됩니다.

```
>>> import numpy as np

>>> a=np.array([4, 3])

# 1차원 넘파이 배열의 shape 속성에 두 번째 원소가 없습니다.
>>> a.shape
(2,)

# 1차원 넘파이 배열을 열벡터로 지정하려면 shape 속성의 두 번째 원소로 1을
추가합니다.
>>> a.shape=(2, 1)

>>> a
array([[4],
       [3]])

# 1차원 넘파이 배열을 행벡터로 지정하려면 shape 속성의 첫 번째 원소로 1을
추가합니다.
>>> a.shape=(1, 2)

>>> a
array([[4, 3]])
```

벡터의 첫 번째 벡터의 성분은 x축 방향으로 얼마만큼 이동했는지를 나타내며, 두 번째 벡터의 성분은 y축 방향으로 얼마만큼 이동했는지를 나타냅니다. 예를 들어, 다음 벡터 *a*는 양의 x축 방향으로 4만큼, 양의 y축 방향으로 3만큼 이동합니다. 화살표의 방향은 벡터의 방향을, 화살표의 길이는 벡터의 크기를 나타냅니다. 벡터의 크기는 원점에서 벡터의 끝점까지의 거리로 다음과 같이 피타고라스의 정리로 구할 수 있습니다.

$$|\boldsymbol{a}| = \sqrt{4^2 + 3^2} = 5$$

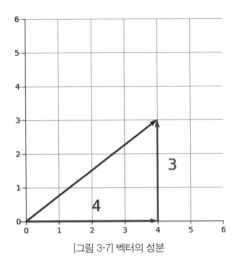

[그림 3-7] 벡터의 성분

모든 벡터는 크기가 1인 단위벡터를 사용하여 다음과 같이 표현할 수 있습니다. 벡터 $\begin{bmatrix} 4 \\ 3 \end{bmatrix}$은 벡터 $\begin{bmatrix} 1 \\ 0 \end{bmatrix}$의 크기를 4배로 늘린 벡터와 벡터 $\begin{bmatrix} 0 \\ 1 \end{bmatrix}$의 크기를 3배로 늘린 벡터의 합으로 나타냅니다. 벡터 i, j를 '기저 벡터'라고 합니다. 2차원 좌표계는 기저 벡터 i, j에 의해서 구성됩니다.

$$a = \begin{bmatrix} 4 \\ 3 \end{bmatrix} = 4 \begin{bmatrix} 1 \\ 0 \end{bmatrix} + 3 \begin{bmatrix} 0 \\ 1 \end{bmatrix} = 4i + 3j$$

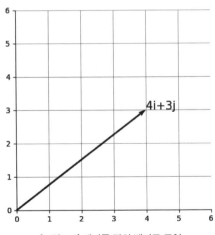

[그림 3-8] 벡터를 단위 벡터로 표현

```python
import numpy as np
import matplotlib.pyplot as plt


i=np.array([1, 0])
j=np.array([0, 1])

# 단위 벡터로 벡터 [4 3]을 나타낼 수 있습니다.
a=4*i+3*j


fig=plt.figure()
ax=fig.add_subplot(1, 1, 1)


ax.quiver(0, 0, a[0], a[1], angles='xy', scale_units='xy', scale=1)
ax.text(a[0], a[1], '4i+3j', size=15)


ax.set_xticks(range(0, 7))
ax.set_yticks(range(0, 7))
ax.grid()
ax.set_axisbelow(True)
ax.set_aspect('equal', adjustable='box')


ax.spines['left'].set_position('zero')
ax.spines['bottom'].set_position('zero')
ax.spines['right'].set_color('none')
ax.spines['top'].set_color('none')


plt.show()
```

파이썬과 NumPy로 배우는 선형대수

3.3 벡터의 기본 연산

3.3.1 덧셈

두 벡터의 크기가 같을 때 덧셈 연산을 할 수 있습니다. 벡터의 덧셈은 두 벡터의
대응하는 성분끼리 더하여 계산이 이루어집니다.

$$a + b = \begin{bmatrix} a_1 \\ a_2 \end{bmatrix} + \begin{bmatrix} b_1 \\ b_2 \end{bmatrix} = \begin{bmatrix} a_1 + b_1 \\ a_2 + b_2 \end{bmatrix}$$

넘파이에서는 '+ 연산자'와 'add 함수'를 사용하여 덧셈을 계산할 수 있습니다. 다음
을 넘파이로 계산해보겠습니다.

$$a + b = \begin{bmatrix} 4 \\ 1 \end{bmatrix} + \begin{bmatrix} -2 \\ 3 \end{bmatrix} = \begin{bmatrix} 2 \\ 4 \end{bmatrix}$$

```
>>> import numpy as np

>>> a=np.array([4, 1])

>>> b=np.array([-2, 3])

>>> a+b
array([2, 4])

>>> np.add(a, b)
array([2, 4])
```

벡터의 덧셈은 x축 성분끼리, y축 성분끼리 더하는 것을 의미합니다. 기하학적으
로 나타내면 벡터 b의 시작점을 벡터 a의 끝점으로 옮겼을 때 벡터 a의 시작점과
벡터 b의 끝점을 이은 선이 두 벡터를 더한 합이 됩니다.

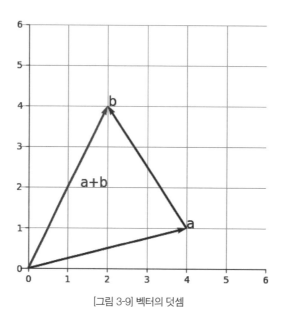

[그림 3-9] 벡터의 덧셈

```
import numpy as np
import matplotlib.pyplot as plt


a=np.array([4, 1])
b=np.array([-2, 3])
sum=a+b


fig=plt.figure()
ax=fig.add_subplot(1, 1, 1)


# 벡터 a를 원점에서 시작하도록 그립니다.
ax.quiver(0, 0, a[0], a[1], angles='xy', scale_units='xy', scale=1)
ax.text(a[0], a[1], "a", size=15)

# 벡터 b를 벡터 a의 끝점에서 시작하도록 그립니다.
ax.quiver(a[0], a[1], b[0], b[1], angles='xy', scale_units='xy', scale=1)
```

파이썬과 NumPy로 배우는 선형대수

```
ax.text(a[0]+b[0], a[1]+b[1], "b", size=15)

# 벡터의 합을 그리면 벡터 a의 시작점과 벡터 b의 끝점을 잇는 벡터가 그려집니다.
ax.quiver(0, 0, sum[0], sum[1], angles='xy', scale_units='xy', scale=1, color='blue')
ax.text(sum[0]*0.5+0.3, sum[1]*0.5, "a+b", size=15, color='blue')


ax.set_xticks(range(0, 7))
ax.set_yticks(range(0, 7))
ax.grid()
ax.set_axisbelow(True)
ax.set_aspect('equal', adjustable='box')


ax.spines['left'].set_position('zero')
ax.spines['bottom'].set_position('zero')
ax.spines['right'].set_color('none')
ax.spines['top'].set_color('none')


plt.show()
```

벡터의 뺄셈은 대응하는 성분끼리 뺄셈을 하여 계산됩니다.

$$\boldsymbol{a} - \boldsymbol{b} = \begin{bmatrix} a_1 \\ a_2 \end{bmatrix} - \begin{bmatrix} b_1 \\ b_2 \end{bmatrix} = \begin{bmatrix} a_1 - b_1 \\ a_2 - b_2 \end{bmatrix}$$

넘파이에서 '- 연산자'와 'subtract 함수'를 사용하여 뺄셈 연산을 할 수 있습니다. 다음을 넘파이로 계산해보겠습니다.

$$\boldsymbol{a} - \boldsymbol{b} = \begin{bmatrix} 4 \\ 1 \end{bmatrix} - \begin{bmatrix} -2 \\ 3 \end{bmatrix} = \begin{bmatrix} 6 \\ -2 \end{bmatrix}$$

```
>>> a=np.array([4, 1])

>>> b=np.array([-2, 3])

>>> a-b
array([ 6, -2])

>>> np.subtract(a, b)
array([ 6, -2])
```

벡터의 뺄셈을 도식화한 그림입니다. 반대 방향으로 바꾼 벡터 -b의 시작점을 벡터 a의 끝점으로 옮기면, 벡터 a의 시작점과 벡터 -b의 끝점을 이은 선이 두 벡터를 차가 됩니다. 벡터의 뺄셈은 x축 성분끼리, y축 성분끼리 빼는 것을 의미합니다.

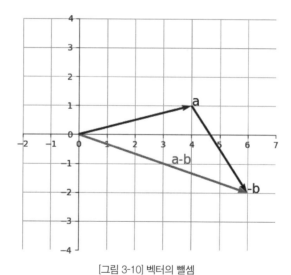

[그림 3-10] 벡터의 뺄셈

```
import numpy as np
import matplotlib.pyplot as plt


a=np.array([4, 1])
b=np.array([-2, 3])
sub=a-b


fig=plt.figure()
ax=fig.add_subplot(1, 1, 1)


# 원점에서 시작하도록 벡터 a를 그립니다.
ax.quiver(0, 0, a[0], a[1], angles='xy', scale_units='xy', scale=1)
ax.text(a[0], a[1], "a", size=15)

# 벡터 a의 끝점에서 시작하는 반대 방향의 벡터 b를 그립니다.
ax.quiver(a[0], a[1], -b[0], -b[1], angles='xy', scale_units='xy', scale=1)
ax.text(a[0]-b[0], a[1]-b[1], "-b", size=15)

# 두 벡터의 뺄셈 결과를 그려보면 벡터 a의 시작점과 벡터 b의 끝점을 잇는 선입니다.
ax.quiver(0, 0, sub[0], sub[1], angles='xy', scale_units='xy', scale=1, color='red')
ax.text(sub[0]*0.5+0.3, sub[1]*0.5, "a-b", size=15, color='red')


ax.set_xticks(range(-2, 8))
ax.set_yticks(range(-4, 5))
ax.grid()
ax.set_axisbelow(True)
ax.set_aspect('equal', adjustable='box')

ax.spines['left'].set_position('zero')
ax.spines['bottom'].set_position('zero')
ax.spines['right'].set_color('none')
ax.spines['top'].set_color('none')


plt.show()
```

3.3.2 스칼라곱

스칼라곱은 벡터에 스칼라를 곱하는 것으로, 벡터의 모든 원소에 스칼라를 곱하여
계산이 이루어집니다.

$$c\boldsymbol{a} = c\begin{bmatrix} a_1 \\ a_2 \end{bmatrix} = \begin{bmatrix} ca_1 \\ ca_2 \end{bmatrix}$$

넘파이에서는 '* 연산자'와 'multiply 함수'를 사용하여 스칼라곱을 계산할 수 있습
니다. 다음을 넘파이로 계산해보겠습니다.

$$3\boldsymbol{a} = 3\begin{bmatrix} 4 \\ 1 \end{bmatrix} = \begin{bmatrix} 12 \\ 3 \end{bmatrix}$$

```
>>> import numpy as np

>>> a=np.array([4, 1])

>>> c=3

>>> a * c
array([12,  3])

>>> np.multiply(a, c)
array([12,  3])
```

벡터에 양(+)의 스칼라를 곱하면 벡터의 방향은 변하지 않고 크기만 변합니다.
벡터가 곱해진 스칼라의 크기만큼 늘어나거나, 줄어듭니다.

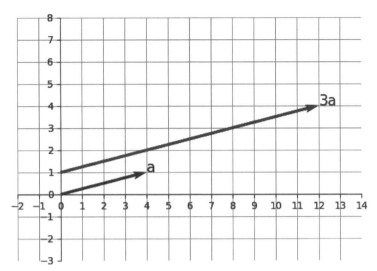

[그림 3-11] 벡터의 스칼라곱

```
import numpy as np
import matplotlib.pyplot as plt


a=np.array([4, 1])
c=3
ca=np.multiply(c, a)


fig=plt.figure()
ax=fig.add_subplot(1, 1, 1)


# 벡터 a를 그립니다.
plt.quiver(0, 0, a[0], a[1], angles='xy', scale_units='xy', scale=1)
plt.text(a[0], a[1], 'a', size=15)

# 벡터 a에 3을 곱한 결과를 그립니다. 시작점을 (0,1)로 이동하여 그렸습니다.
plt.quiver(0, 1, ca[0], ca[1], angles='xy', scale_units='xy', scale=1, color='blue')
plt.text(ca[0], ca[1]+1, '3a', size=15, color='blue')
```

```
ax.set_xticks(range(-2, 15))
ax.set_yticks(range(-3, 9))
ax.grid()
ax.set_axisbelow(True)
ax.set_aspect('equal', adjustable='box')


ax.spines['left'].set_position('zero')
ax.spines['bottom'].set_position('zero')
ax.spines['right'].set_color('none')
ax.spines['top'].set_color('none')


plt.show()
```

벡터에 곱해지는 스칼라의 부호가 음수(-)라면 벡터의 방향이 반대로 바뀝니다.
이 경우에도 벡터가 스칼라만큼 확대 또는 축소됩니다.

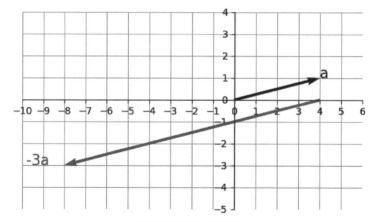

[그림 3-12] 음의 스칼라곱

파이썬과 NumPy로 배우는 선형대수

```python
import numpy as np
import matplotlib.pyplot as plt


a=np.array([4, 1])
c=-3
ca=np.multiply(c, a)


fig=plt.figure()
ax=fig.add_subplot(1, 1, 1)


# 벡터 a를 그립니다.
plt.quiver(0, 0, a[0], a[1], angles='xy', scale_units='xy', scale=1)
plt.text(a[0], a[1], 'a', size=15)

# 벡터 a에 -3을 곱한 벡터를 그립니다. 시작점을 (4,0)으로 해서 그렸습니다.
plt.quiver(4, 0, ca[0], ca[1], angles='xy', scale_units='xy', scale=1, color='red')
plt.text(ca[0]+2.2, ca[1], '-3a', size=15, color='red')


ax.set_xticks(range(-10, 7))
ax.set_yticks(range(-5, 5))
ax.grid()
ax.set_axisbelow(True)
ax.set_aspect('equal', adjustable='box')

ax.spines['left'].set_position('zero')
ax.spines['bottom'].set_position('zero')
ax.spines['right'].set_color('none')
ax.spines['top'].set_color('none')


plt.show()
```

3.3.3 내적

두 벡터에 대해 '내적(dot product)'은 다음과 같이 정의되며 계산 결과는 스칼라입니다. 내적은 대응하는 성분끼리 곱해서 모두 더하는 것입니다.

$$\boldsymbol{a} \cdot \boldsymbol{b} = \begin{bmatrix} a_1 \\ a_2 \\ \vdots \\ a_n \end{bmatrix} \cdot \begin{bmatrix} b_1 \\ b_2 \\ \vdots \\ b_n \end{bmatrix} = a_1 b_1 + a_2 b_2 + \cdots + a_n b_n$$

넘파이에서는 내적 계산을 위해 'dot 함수'를 제공합니다. 다음을 넘파이로 계산해 보겠습니다.

$$\boldsymbol{a} \cdot \boldsymbol{b} = \begin{bmatrix} 1 \\ 2 \end{bmatrix} \cdot \begin{bmatrix} 2 \\ 3 \end{bmatrix} = 1 \times 2 + 2 \times 3 = 8$$

```
>>> import numpy as np

>>> a=np.array([1, 2])

>>> b=np.array([2, 3])

>>> np.dot(a,b)
8
```

벡터의 크기는 다음과 같이 정의됩니다.

$$\|\boldsymbol{a}\| = \sqrt{a_1^2 + a_2^2 + \cdots + a_n^2}$$

넘파이에서는 벡터의 크기를 계산하기 위한 'norm 함수'를 제공합니다. 다음 계산을 넘파이로 해보겠습니다.

$$\|\boldsymbol{a}\| = \sqrt{1^2 + 2^2} = \sqrt{5}$$

파이썬과 NumPy로 배우는 선형대수

```
>>> import numpy as np

>>> a=np.array([1, 2])

>>> np.linalg.norm(a)
2.23606797749979

# norm 함수의 계산 결과는 제곱근 5와 같습니다.
>>> np.sqrt(5)
2.23606797749979
```

벡터 자기 자신에 대한 내적의 제곱근은 벡터의 크기와 같습니다.

$$\|a\| = \sqrt{a \cdot a}$$

$$a \cdot a = \begin{bmatrix} a_1 \\ a_2 \\ \vdots \\ a_n \end{bmatrix} \cdot \begin{bmatrix} a_1 \\ a_2 \\ \vdots \\ a_n \end{bmatrix} = a_1^2 + a_2^2 + \cdots + a_n^2$$

넘파이를 사용하여 두 값이 같은지 확인해보겠습니다.

$$\sqrt{a \cdot b} = \sqrt{\begin{bmatrix} 1 \\ 2 \end{bmatrix} \cdot \begin{bmatrix} 1 \\ 2 \end{bmatrix}} = \sqrt{1 \times 1 + 2 \times 2} = \sqrt{5}$$

$$\|a\| = \sqrt{1^2 + 2^2} = \sqrt{5}$$

```
>>> import numpy as np

>>> a=np.array([1, 2])

# 자기 자신에 대한 내적의 제곱근
>>> np.sqrt(np.dot(a, a))
2.23606797749979

# 벡터의 크기
>>> np.linalg.norm(a)
2.23606797749979
```

내적 **a·b**는 벡터 **a**를 벡터 **b**에 정사영하여 구해지는 벡터와 벡터 **b**를 곱한 것입니다.

$$\boldsymbol{a} \cdot \boldsymbol{b} = |\boldsymbol{a}||\boldsymbol{b}|\cos\theta = |\boldsymbol{a}|\cos\theta \times |\boldsymbol{b}|$$

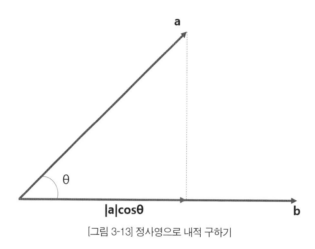

[그림 3-13] 정사영으로 내적 구하기

내적을 사용하여 벡터 **b**에 정사영되는 벡터 **a**의 길이는 다음과 같이 구할 수 있습니다.

$$proj_b\boldsymbol{a} = \frac{\boldsymbol{a} \cdot \boldsymbol{b}}{|\boldsymbol{b}|}$$

$$\frac{\boldsymbol{a} \cdot \boldsymbol{b}}{|\boldsymbol{b}|} = \frac{|\boldsymbol{a}|\cos\theta \times |\boldsymbol{b}|}{|\boldsymbol{b}|} = |\boldsymbol{a}|\cos\theta$$

다음과 같이 45도 각도를 이루고 있는 벡터 **a**와 벡터 **b**의 내적은 2가지 방법으로 구할 수 있습니다.

파이썬과 NumPy로 배우는 선형대수

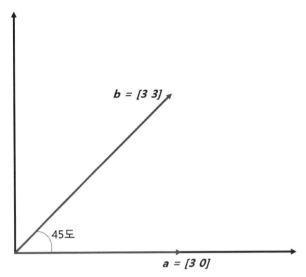

[그림 3-14] 내적 구하기

$$\boldsymbol{a} \cdot \boldsymbol{b} = \begin{bmatrix} 3 \\ 0 \end{bmatrix} \cdot \begin{bmatrix} 3 \\ 3 \end{bmatrix} = 3 \times 3 + 0 \times 3 = 9$$

$$\boldsymbol{a} \cdot \boldsymbol{b} = \|\boldsymbol{a}\|\|\boldsymbol{b}\|cos45 = 3 \times 3\sqrt{2} \times \frac{\sqrt{2}}{2} = 9$$

넘파이를 사용하여 앞에서 언급한 2가지 방법으로 해봅니다.

```
>>> a=np.array([3, 3])

>>> b=np.array([3, 0])

# 첫 번째 방법
>>> np.dot(a, b)
9

# 두 번째 방법
>>> norm_a=np.linalg.norm(a)

>>> norm_b=np.linalg.norm(b)

>>> norm_a*norm_b*np.cos(45*np.pi/180)
9.0
```

내적이 0이면 두 벡터가 이루는 각도는 90도입니다.

```
>>> a=np.array([3, 0])

>>> b=np.array([0, 3])

>>> np.dot(a, b)
0
```

벡터 **a**와 벡터 **b**는 90도 각도를 이루고 있습니다.

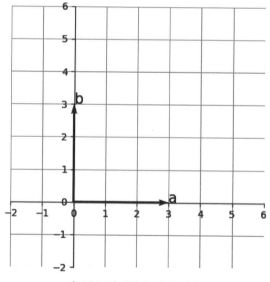

[그림 3-15] 내적이 0인 두 벡터

3.3.4 외적

평행하지 않는 두 벡터 **v,w**를 '외적(cross product)'하면 두 벡터에 수직인 벡터를 구할 수 있으며 행렬식을 사용하여 다음과 같이 계산합니다.

파이썬과 NumPy로 배우는 선형대수

$$\mathbf{v} \times \mathbf{w} = \begin{vmatrix} i & j & k \\ v_1 & v_2 & v_3 \\ w_1 & w_2 & w_3 \end{vmatrix}$$

행렬식을 다음과 같이 전개하여 벡터를 구합니다.

$$\mathbf{v} \times \mathbf{w} = \begin{vmatrix} v_2 & v_3 \\ w_2 & w_3 \end{vmatrix} i - \begin{vmatrix} v_1 & v_3 \\ w_1 & w_3 \end{vmatrix} j + \begin{vmatrix} v_1 & v_2 \\ w_1 & w_2 \end{vmatrix} k$$
$$= (v_2 w_3 - v_3 w_2)i - (v_1 w_3 - v_3 w_1)j + (v_1 w_2 - v_2 w_1)k$$
$$= [v_2 w_3 - v_3 w_2, \ v_3 w_1 - v_1 w_3, \ v_1 w_2 - v_2 w_1]$$

넘파이에서는 'cross 함수'를 사용하여 외적을 계산할 수 있습니다. 다음을 넘파이로 계산해보겠습니다.

$$\mathbf{v} \times \mathbf{w} = \begin{vmatrix} i & j & k \\ 5 & 3 & 0 \\ 1 & 2 & 0 \end{vmatrix} = \begin{vmatrix} 3 & 0 \\ 2 & 0 \end{vmatrix} i - \begin{vmatrix} 5 & 0 \\ 1 & 0 \end{vmatrix} j + \begin{vmatrix} 5 & 3 \\ 1 & 2 \end{vmatrix} k$$
$$= 0i - 0j + (5 \times 2 - 3 \times 1)$$
$$= [0, 0, 7]$$

```
>>> import numpy as np

>>> v=np.array([ 5, 3, 0])

>>> w=np.array([ 1, 2, 0])

>>> np.cross(v, w)
array([0,  0, 7])
```

벡터 a와 벡터 b의 외적으로 구해진 벡터입니다. 벡터 a와 벡터 b에 수직입니다.

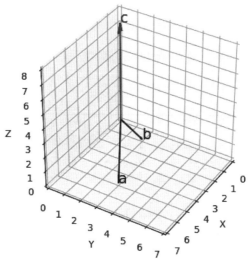

[그림 3-16] 벡터의 외적: 벡터 a, b에 수직인 벡터 c가 구해진다

```python
import numpy as np
import matplotlib.pyplot as plt
from mpl_toolkits.mplot3d import Axes3D


a=np.array([5, 3, 0])
b=np.array([1, 2, 0])


# 벡터 a와 b의 외적을 계산합니다.
c=np.cross(a, b)


fig=plt.figure()
ax=fig.add_subplot(1, 1, 1, projection='3d')


# 벡터 a를 그립니다.
```

파이썬과 NumPy로 배우는 선형대수

```
ax.quiver(0, 0, 0, a[0], a[1], a[2], color='black', arrow_length_ratio=0.1)
ax.text( a[0], a[1], a[2], 'a', size=15)

# 벡터 b를 그립니다.
ax.quiver(0, 0, 0, b[0], b[1], b[2], color='black', arrow_length_ratio=0.1)
ax.text( b[0], b[1], b[2], 'b', size=15)

# 벡터 a와 b의 외적을 그립니다.
ax.quiver(0, 0, 0, c[0], c[1], c[2], color='blue', arrow_length_ratio=0.1)
ax.text( c[0], c[1], c[2], 'c', size=15, color='blue')


ax.set_xlim(0, 7)
ax.set_ylim(0, 7)
ax.set_zlim(0, 8)
ax.set_xlabel('X')
ax.set_ylabel('Y')
ax.set_zlabel('Z')
ax.view_init(elev=20., azim=5)
ax.grid()
ax.set_axisbelow(True)
ax.set_aspect('equal', adjustable='box')


plt.show()
```

두 벡터가 평행하면 외적은 0입니다.

```
>> import numpy as np

>>> a=np.array([3, 3, 0])

>>> b=np.array([6, 6, 0])

>>> np.cross(a, b)
array([0, 0, 0])
```

벡터 **a**와 벡터 **b**는 평행합니다.

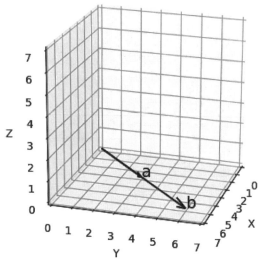

[그림 3-17] 외적이 0인 두 벡터 - 두 벡터가 평행하다

```
import numpy as np
import matplotlib.pyplot as plt
from mpl_toolkits.mplot3d import Axes3D


a=np.array([3, 3, 0])
b=np.array([6, 6, 0])


fig=plt.figure()
ax=fig.add_subplot(1, 1, 1, projection='3d')


# 벡터 a를 그립니다.
ax.quiver(0, 0, 0, a[0], a[1], a[2], color='black', arrow_length_ratio=0.1)
ax.text( a[0], a[1], a[2], 'a', size=15)

# 벡터 b를 그립니다.
```

파이썬과 NumPy로 배우는 선형대수

```
ax.quiver(0, 0, 0, b[0], b[1], b[2], color='black', arrow_length_ratio=0.1)
ax.text( b[0], b[1], b[2], 'b', size=15)


ax.set_xlim(0, 7)
ax.set_ylim(0, 7)
ax.set_zlim(0, 7)
ax.set_xlabel('X')
ax.set_ylabel('Y')
ax.set_zlabel('Z')
ax.view_init(elev=20., azim=5)
ax.grid()
ax.set_axisbelow(True)
ax.set_aspect('equal', adjustable='box')

plt.show()
```

3.4 행렬의 정의

'행렬(matrix)'은 숫자를 직사각형 모양으로 배열해놓은 것입니다. 행렬을 구성하는 숫자를 원소라고 부릅니다. '행의 개수×열의 개수'로 행렬의 크기를 나타냅니다. 다음은 크기 m×n인 행렬입니다. m개의 행과 n개의 열로 구성됩니다.

$$\mathbf{A} = \begin{bmatrix} a_{11} & a_{12} & \cdots & a_{1n} \\ a_{21} & a_{22} & \cdots & a_{2n} \\ \vdots & \vdots & \vdots & \vdots \\ a_{m1} & a_{m2} & \cdots & a_{mn} \end{bmatrix}$$

예를 들어, 다음 행렬 $\mathbf{A}$의 크기는 2×3입니다. 2개의 행과 3개의 열로 구성되어 있습니다.

$$\mathbf{A} = \begin{bmatrix} 1 & 2 & 3 \\ 4 & 5 & 6 \end{bmatrix}$$

벡터도 행렬입니다. 하나의 행으로 구성된 행렬 a를 행벡터라고 합니다. 하나의 열로 구성된 행렬 b를 열벡터라고 합니다.

$$a = [1 \quad 2 \quad 3], \quad b = \begin{bmatrix} 1 \\ 2 \\ 3 \end{bmatrix}$$

행렬의 열의 개수와 행의 개수가 같은 경우 '정사각행렬(square matrix)'이라고 합니다.

$$B = \begin{bmatrix} 1 & 2 \\ 3 & 4 \end{bmatrix}$$

넘파이에서 행렬을 위한 'matrix 함수'를 제공하지만 대부분의 경우 'array 함수'로도 충분합니다.

```
>>> import numpy as np

>>> A=np.array([[1, 2, 3], [4, 5, 6]])

>>> A
array([[1, 2, 3],
       [4, 5, 6]])

>>> B=np.matrix([[1, 2, 3], [4, 5, 6]])

>>> B
matrix([[1, 2, 3],
        [4, 5, 6]])

# 세이프 속성으로 행렬의 크기를 확인할 수 있습니다.
# 열의 개수, 행의 개수 순으로 출력됩니다.
>>> A.shape
(2, 3)

>>> B.shape
(2, 3)
```

두 행렬의 행의 수와 열의 수가 같을 때 두 행렬의 크기가 같다고 합니다. 두 행렬 A, B가 같으려면, 두 행렬의 크기가 같으며 대응하는 원소가 모두 같아야 합니다.

```
>>> A=np.array([[1, 2], [3, 4]])

>>> B=np.array([[1, 2], [3, 4]])

>>> C=np.array([[1, 3], [3, 4]])

# == 연산자를 사용하면 원소별로 비교 결과가 리턴됩니다.
>>> A == B
array([[ True,  True],
       [ True,  True]])

>>> A == C
array([[ True, False],
       [ True,  True]])

# all 메소드를 사용하여 두 행렬이 같은지 리턴받을 수 있습니다.
>>> (A==B).all()
True

>>> (A==C).all()
False
```

행렬을 구성하는 열벡터와 행벡터를 구하는 방법입니다.

```
>>> import numpy as np

>>> A=np.array([[1, 2, 3, 4], [5, 6, 7, 8]])


# 행렬 A를 구성하는 행벡터를 출력합니다.
>>> A[0] # 또는 A[0,:]
array([1, 2, 3, 4])

>>> A[1] # 또는 A[1,:]
array([5, 6, 7, 8])
```

```
# 행렬 A를 구성하는 열벡터를 출력합니다.
>>> A[:,0]
array([1, 5])

>>> A[:,1]
array([2, 6])

>>> A[:,2]
array([3, 7])

>>> A[:,3]
array([4, 8])
```

3.5 행렬의 기본 연산

행렬의 산술 연산은 두 행렬의 크기가 같은 경우에만 가능하지만, 넘파이에서는
계산의 편리를 위해서 배열의 크기가 다른 경우에도 연산을 할 수 있는 브로드캐
스팅을 지원합니다. 물론, 모든 경우에 가능한 것은 아닙니다. 자세한 내용은 앞의
2.5를 참고하시기 바랍니다.

3.5.1 덧셈

행렬의 크기가 같아야 덧셈 연산을 할 수 있습니다. 대응하는 원소끼리 더하여 계
산합니다.

$$\mathbf{X} + \mathbf{Y} = \begin{bmatrix} x_1 & x_2 \\ x_3 & x_4 \end{bmatrix} + \begin{bmatrix} y_1 & y_2 \\ y_3 & y_4 \end{bmatrix} = \begin{bmatrix} x_1 + y_1 & x_2 + y_2 \\ x_3 + y_3 & x_4 + y_4 \end{bmatrix}$$

넘파이에서는 '+ 연산자'와 'add 함수'를 사용하여 덧셈을 계산할 수 있습니다.

파이썬과 NumPy로 배우는 선형대수

다음을 넘파이로 계산해보겠습니다.

$$\mathbf{A} + \mathbf{B} = \begin{bmatrix} 1 & 2 \\ 3 & 4 \end{bmatrix} + \begin{bmatrix} 4 & 1 \\ 5 & 2 \end{bmatrix} = \begin{bmatrix} 1+4 & 2+1 \\ 3+5 & 4+2 \end{bmatrix}$$

```
>>> import numpy as np

>>> A=np.array([[1, 2], [3, 4]])

>>> B=np.array([[4, 1], [5, 2]])

>>> A+B
array([[5, 3],
       [8, 6]])

>>> np.add(A,B)
array([[5, 3],
       [8, 6]])
```

행렬의 뺄셈도 같은 크기의 행렬 간에 가능합니다. 대응하는 원소끼리 빼서 계산합니다.

$$\mathbf{X} - \mathbf{Y} = \begin{bmatrix} x_1 & x_2 \\ x_3 & x_4 \end{bmatrix} - \begin{bmatrix} y_1 & y_2 \\ y_3 & y_4 \end{bmatrix} = \begin{bmatrix} x_1-y_1 & x_2-y_2 \\ x_3-y_3 & x_4-y_4 \end{bmatrix}$$

넘파이에서는 '- 연산자'와 'subtract 함수'를 사용하여 뺄셈 연산을 할 수 있습니다. 다음을 넘파이로 계산해보겠습니다.

$$\mathbf{A} - \mathbf{B} = \begin{bmatrix} 1 & 2 \\ 3 & 4 \end{bmatrix} - \begin{bmatrix} 4 & 1 \\ 5 & 2 \end{bmatrix} = \begin{bmatrix} 1-4 & 2-1 \\ 3-5 & 4-2 \end{bmatrix}$$

```
>>> import numpy as np

>>> A=np.array([[1, 2], [3, 4]])
```

```
>>> B=np.array([[4, 1], [5, 2]])

>>> A-B
array([[-3,  1],
       [-2,  2]])

>>> np.subtract(A,B)
array([[-3,  1],
       [-2,  2]])
```

3.5.2 스칼라곱

스칼라를 행렬의 모든 원소에 곱하여 계산이 이루집니다.

$$a\mathbf{X} = a \begin{bmatrix} x_1 & x_2 & x_3 \\ x_4 & x_5 & x_6 \\ x_7 & x_8 & x_9 \end{bmatrix} = \begin{bmatrix} ax_1 & ax_2 & ax_3 \\ ax_4 & ax_5 & ax_6 \\ ax_7 & ax_8 & ax_9 \end{bmatrix}$$

넘파이에서는 '* 연산자' 또는 'multiply 함수'를 사용하여 계산할 수 있습니다. 다음을 넘파이로 계산해보겠습니다.

$$10 \begin{bmatrix} 0 & 1 & 2 \\ 3 & 4 & 5 \\ 6 & 7 & 8 \end{bmatrix} = \begin{bmatrix} 0 & 10 & 20 \\ 30 & 40 & 50 \\ 60 & 70 & 80 \end{bmatrix}$$

```
>>> import numpy as np

>>> A=np.arange(9).reshape(3,3)

>>> A
array([[0, 1, 2],
       [3, 4, 5],
       [6, 7, 8]])
```

파이썬과 NumPy로 배우는 선형대수

```
>>> c=10

>>> np.multiply(c, A)
array([[ 0, 10, 20],
       [30, 40, 50],
       [60, 70, 80]])
>>> c * A

array([[ 0, 10, 20],
       [30, 40, 50],
       [60, 70, 80]])
```

3.5.3 곱셈

행렬 곱셈이 가능하려면 첫 번째 행렬의 열의 수와 두 번째 행렬의 행의 수가 같아야 합니다. 예를 들어, 크기 m×n인 배열과 크기 n×p인 행렬을 곱하면 크기 m×p인 행렬이 만들어 집니다.

$$AB = \begin{bmatrix} a_{11} & a_{12} & \cdots & a_{1n} \\ a_{21} & a_{21} & \cdots & a_{2n} \\ \vdots & \vdots & \vdots & \vdots \\ a_{m1} & a_{m1} & \cdots & a_{mn} \end{bmatrix} \begin{bmatrix} a_{11} & a_{12} & \cdots & a_{1p} \\ a_{21} & a_{21} & \cdots & a_{2p} \\ \vdots & \vdots & \vdots & \vdots \\ a_{n1} & a_{n1} & \cdots & a_{np} \end{bmatrix}$$

$$\qquad \textbf{m×n} \qquad\qquad \textbf{n×p}$$

넘파이에서는 'dot 함수' 또는 넘파이 배열의 'dot 메소드'를 사용하여 곱셈 연산을 할 수 있습니다. 다음을 넘파이로 계산해보겠습니다.

$$AB = \begin{bmatrix} 1 & 2 & 3 \\ 4 & 5 & 6 \end{bmatrix} \begin{bmatrix} 4 & 1 \\ 5 & 2 \\ 1 & 2 \end{bmatrix} = \begin{bmatrix} 1 \times 4 + 2 \times 5 + 3 \times 1 & 1 \times 1 + 2 \times 2 + 3 \times 2 \\ 4 \times 4 + 5 \times 5 + 6 \times 1 & 4 \times 1 + 5 \times 2 + 6 \times 2 \end{bmatrix}$$

```
>>> import numpy as np

>>> A=np.array([[1, 2, 3], [4, 5, 6]])

>>> B=np.array([[4, 1],[5, 2], [1, 2]])

>>> A
array([[1, 2, 3],
       [4, 5, 6]])

>>> B
array([[4, 1],
       [5, 2],
       [1, 2]])

>>> A.dot(B)
array([[17, 11],
       [47, 26]])

>>> np.dot(A,B)
array([[17, 11],
       [47, 26]])
```

주의할 점은 넘파이에서 '* 연산자'는 대응하는 원소 간의 곱으로 계산됩니다. 즉,
'* 연산자'와 'multiply 함수'는 같은 연산을 합니다.

$$A * B = \begin{bmatrix} 1 & 2 \\ 3 & 4 \end{bmatrix} * \begin{bmatrix} 4 & 1 \\ 5 & 2 \end{bmatrix} = \begin{bmatrix} 1 \times 4 & 2 \times 1 \\ 3 \times 5 & 4 \times 2 \end{bmatrix}$$

```
>>> import numpy as np

>>> A=np.array([[1, 2], [3, 4]])

>>> B=np.array([[4, 1], [5, 2]])

>>> A*B
array([[ 4,  2],
```

파이썬과 NumPy로 배우는 선형대수

```
        [15,  8]])

>>> np.multiply(A,B)
array([[ 4,  2],
       [15,  8]])
```

행렬 곱셈은 다음 법칙을 만족합니다.

❶ 교환법칙이 성립하지 않습니다. 연산 시 두 행렬의 순서가 바뀌면 결과가 달라
진다는 의미입니다.

$$\mathbf{AB} \neq \mathbf{BA}$$

❷ 곱셈과 덧셈 연산에 대해 다음과 같이 분배법칙이 성립합니다.

$$\mathbf{A(B + C) = AB + AC}$$

$$\mathbf{(B + C)D = BD + CD}$$

❸ 결합법칙이 성립합니다. 연산이 2번 이상 연속되는 경우 앞쪽 연산을 먼저 계산
하여 구한 값과 뒤쪽 연산을 먼저 계산하여 구한 값이 항상 같다는 의미입니다.

$$\mathbf{(AB)C = A(BC)}$$

❹ 스칼라 c와 행렬 A,B에 대해 다음 법칙이 성립합니다. 행렬 곱셈과 스칼라곱이
연속되는 경우 어느 것을 먼저 연산하는가에 관계없이 계산 결과가 같다는 의미
입니다.

$$c(\mathbf{AB}) = (c\mathbf{A})\mathbf{B}$$

$$(\mathbf{AB})c = \mathbf{A}(\mathbf{B}c)$$

3.5.4 전치

행렬을 구성하는 원소의 열 인덱스와 행 인덱스를 바꾸는 것을 전치라고 합니다. 예를 들어, 행렬 X의 원소 인덱스를 나타내면 다음과 같습니다.

$$X = \begin{bmatrix} x_{11} & x_{12} \\ x_{21} & x_{22} \\ x_{31} & x_{32} \end{bmatrix} = \begin{bmatrix} 1 & 2 \\ 3 & 4 \\ 5 & 6 \end{bmatrix}$$

행렬 X에 전치 연산을 적용하면 원소들은 행 인덱스와 열 인덱스를 바꾼 위치로 이동합니다. 예를 들어, 3행 1열에 있던 x_{31}은 1행 3열로 이동하였습니다.

$$X^T = \begin{bmatrix} x_{11} & x_{21} & x_{31} \\ x_{12} & x_{22} & x_{32} \end{bmatrix} = \begin{bmatrix} 1 & 3 & 5 \\ 2 & 4 & 6 \end{bmatrix}$$

넘파이에서는 전치 연산을 'transpose 함수' 또는 넘파이 배열의 'T 메소드'를 사용할 수 있습니다.

```
>>> import numpy as np

>>> X=np.array([[1, 2], [3, 4], [5, 6]])

>>> X
array([[1, 2],
       [3, 4],
       [5, 6]])

>>> X.T
array([[1, 3, 5],
       [2, 4, 6]])

>>> np.transpose(X)
array([[1, 3, 5],
       [2, 4, 6]])
```

파이썬과 NumPy로 배우는 선형대수

3.5.5 항등 행렬과 역행렬

대각선 원소만 1이고, 나머지는 0인 행렬을 '항등 행렬(identity matrix)'이라고 합니다.

$$\begin{bmatrix} 1 & 0 \\ 0 & 1 \end{bmatrix}, \qquad \begin{bmatrix} 1 & 0 & 0 \\ 0 & 1 & 0 \\ 0 & 0 & 1 \end{bmatrix}$$

어떤 행렬에 항등 행렬을 곱해도 원래 행렬이 됩니다.

$$AI = IA = A$$

넘파이에서는 'eye 함수'를 사용하여 항등 행렬을 만들 수 있습니다. 항등 행렬에 특정 행렬을 곱하면 그대로 해당 행렬이 결과인 것도 확인합니다.

```
>>> import numpy as np

# 항등 행렬을 생성합니다.
>>> I=np.eye(3)

>>> I
array([[1., 0., 0.],
       [0., 1., 0.],
       [0., 0., 1.]])

# 배열 A를 생성합니다.
>>> A=np.arange(9).reshape(3,3)

>>> A
array([[0, 1, 2],
       [3, 4, 5],
       [6, 7, 8]])


# AI=IA=A 임을 확인합니다.
```

```
# 넘파이 배열의 all() 메소드는 모든 항목이 True일 때 True를 리턴합니다.
>>> (np.dot(A, I) == A).all()
True

>>> (np.dot(I, A) == A).all()
True
```

행렬 A,B에 대해 다음 식을 만족하면 행렬 B를 행렬 A의 역행렬이라 하고 A^{-1}로 표기합니다. 여기에서는 행의 개수와 열의 개수가 같은 정사각행렬에 대해서만 고려합니다.

$$AB = BA = I$$

크기가 2×2 행렬 $\mathbf{A} = \begin{bmatrix} a & b \\ c & d \end{bmatrix}$의 경우에는 다음 식을 사용하여 역행렬을 구할 수 있습니다. 이때 판별식이라고 부르는 ad-bc의 계산 결과가 0이 아닌 경우에만 역행렬을 구할 수 있습니다. 역행렬을 구할 수 없는 행렬을 '특이 행렬(Singular matrix)'이라고 부릅니다.

$$A^{-1} = \frac{1}{ad - bc} \begin{bmatrix} d & -b \\ -c & a \end{bmatrix}$$

크기가 3×3 이상인 행렬의 경우 보통 '가우스 소거법(Gaussian elimination)'을 사용하여 역행렬을 구합니다. 여기에서는 다루지 않습니다.

넘파이에서는 'inv 함수'를 사용하여 역행렬을 구할 수 있습니다. 행렬 A의 역행렬인 A^{-1}를 구해보겠습니다.

$$AA^{-1} = \begin{bmatrix} 1 & 2 \\ 3 & 4 \end{bmatrix} \begin{bmatrix} -2 & 1 \\ 1.5 & -0.5 \end{bmatrix} = \begin{bmatrix} 1 & 0 \\ 0 & 1 \end{bmatrix} = I$$

$$A^{-1}A = \begin{bmatrix} -2 & 1 \\ 1.5 & -0.5 \end{bmatrix} \begin{bmatrix} 1 & 2 \\ 3 & 4 \end{bmatrix} = \begin{bmatrix} 1 & 0 \\ 0 & 1 \end{bmatrix} = I$$

```
>>> import numpy as np

>>> A=np.array([[1, 2], [3, 4]])

# inv 함수를 사용하여 행렬 A의 역행렬을 구합니다.
>>> invA=np.linalg.inv(A)

>>> invA
array([[-2. ,  1. ],
       [ 1.5, -0.5]])


# A⁻¹A=AA⁻¹=I임을 확인합니다.
# 파이썬에서 결과 값이 근사값으로 출력되기 때문에
# np.round 함수를 사용해야 합니다.
>>> np.dot(A, invA)
array([[1.0000000e+00, 0.0000000e+00],
       [8.8817842e-16, 1.0000000e+00]])

# round 함수를 사용하면 항등 행렬로 보입니다.
>>> np.round(np.dot(A, invA))
array([[1., 0.],
       [0., 1.]])

>>> np.round(np.dot(invA, A))
array([[1., 0.],
       [0., 1.]])
```

3.6 선형 결합

3.6.1 선형 결합

n개의 벡터 $x_1, x_2, \cdots, x_n$와 n개의 스칼라 $c_1, c_2, \cdots, c_n$가 있을 때 다음 식을 '선형 결합(Linear Combination)'이라고 합니다. 벡터에 스칼라를 곱한 다음, 모두 더한 것입니다.

$$c_1 x_1 + c_2 x_2 + \cdots + c_n x_n$$

같은 크기의 두 벡터를 선형 결합한 결과는 같은 크기의 벡터가 됩니다. 예를 들어, 두 벡터 $x_1 = \begin{bmatrix} 1 \\ 2 \end{bmatrix}, x_2 = \begin{bmatrix} 2 \\ 5 \end{bmatrix}$가 있을 때 선형 결합은 다음과 같습니다.

$$c_1 x_1 + c_2 x_2 = c_1 \begin{bmatrix} 1 \\ 2 \end{bmatrix} + c_2 \begin{bmatrix} 2 \\ 5 \end{bmatrix}$$

스칼라 c_1, c_2로 임의의 값을 사용하여 벡터 x_1, x_2를 선형 결합하면 다음과 같습니다.

$$3x_1 + 5x_2 = 3 \begin{bmatrix} 1 \\ 2 \end{bmatrix} + 5 \begin{bmatrix} 2 \\ 5 \end{bmatrix} = \begin{bmatrix} 13 \\ 31 \end{bmatrix}$$

3.6.2 선형 독립과 선형 종속

스칼라 $c_1, c_2, \cdots, c_n$가 모두 0이 아닐 때, 즉 스칼라 $c_1, c_2, \cdots, c_n$ 중 하나라도 0이 아닐 때 식(1)을 만족하면 벡터 $x_1, x_2, \cdots, x_n$는 '선형 종속(linearly dependent)'이라고 합니다. 적어도 하나의 벡터를 다른 벡터의 조합으로 나타낼 수 있다는 의미입니다.

$$c_1 x_1 + c_2 x_2 + \cdots + c_n x_n = 0 \quad \cdots (1)$$

계수 $c_1, c_2, \cdots, c_n$가 모두 0일 때에만 식(1)이 만족하면 벡터 $\mathbf{x_1}, \mathbf{x_2}, \cdots, \mathbf{x_n}$는 '선형 독립(linearly independent)'이라고 합니다. 하나의 벡터를 다른 벡터의 조합으로 나타낼 수 없다는 의미입니다.

예 1

스칼라 $\mathbf{c_1}, \mathbf{c_2}$와 벡터 $\mathbf{v_1}, \mathbf{v_2}$의 선형 결합이 식 (2)처럼 주어질 때, 이 식이 성립할 수 있는 조건은 $c_1 = c_2 = 0$일 때뿐입니다. 따라서 벡터 $\mathbf{v_1}, \mathbf{v_2}$는 선형 독립입니다. 두 벡터가 중복되지 않는 위치에 벡터의 성분을 하나씩 갖고 있기 때문에 하나의 벡터 값이 변해도 다른 벡터가 영향을 끼치는 성분에 영향을 주지 않습니다.

$$c_1 \mathbf{v_1} + c_2 \mathbf{v_2} = 0 \quad \cdots (2)$$

$$\mathbf{v_1} = \begin{bmatrix} 1 \\ 0 \end{bmatrix}, \qquad \mathbf{v_2} = \begin{bmatrix} 0 \\ 1 \end{bmatrix}$$

스칼라 $\mathbf{c_1}, \mathbf{c_2}, \mathbf{c_3}$와 벡터 $\mathbf{v_1}, \mathbf{v_2}, \mathbf{v_3}$의 선형 결합이 식 (3)처럼 주어질 때, 이 식이 성립할 수 있는 조건은 $c_1 = c_2 = c_3 = 0$외에도 $c_1 = 1, c_2 = 1, c_3 = -1$이 있습니다. 따라서 벡터 $\mathbf{v_1}, \mathbf{v_2}, \mathbf{v_3}$는 선형 종속입니다. $\mathbf{v_3}$가 나머지 두 벡터와 중복되는 위치의 원소를 갖기 때문에 $\mathbf{v_3}$ 값이 변하면 $\mathbf{v_1}, \mathbf{v_2}$가 영향을 끼치는 위치에 있는 벡터 원소에 영향을 줍니다.

$$c_1 \mathbf{v_1} + c_2 \mathbf{v_2} + c_3 \mathbf{v_3} = 0 \quad \cdots (3)$$

$$\mathbf{v_1} = \begin{bmatrix} 1 \\ 0 \end{bmatrix}, \qquad \mathbf{v_2} = \begin{bmatrix} 0 \\ 1 \end{bmatrix}, \qquad \mathbf{v_3} = \begin{bmatrix} 1 \\ 1 \end{bmatrix}$$

식 (3)에 $c_1 = 1$, $c_2 = 1$, $c_3 = -1$ 대입하여 다시 적어보면 v_1, v_2의 합이 v_3가 됩니다. 즉 하나의 벡터를 다른 벡터의 조합으로 나타낼 수 있습니다.

$$\mathbf{v_1} + \mathbf{v_2} = -\mathbf{v_3}$$

예 2

3차원 공간에서 벡터 a, b가 2차원 평면 R^2를 생성할 때, 세 번째 벡터 c가 벡터 a, b가 생성하는 평면 위에 있다면 벡터 a, b, c는 선형 종속이며 3차원 공간 R^3를 생성할 수 없습니다.

$$a = \begin{bmatrix} 1 \\ 5 \\ 0 \end{bmatrix}, b = \begin{bmatrix} 4 \\ 4 \\ 0 \end{bmatrix}, c = \begin{bmatrix} 4 \\ 7 \\ 0 \end{bmatrix}$$

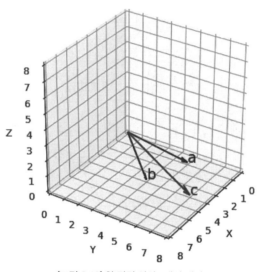

[그림 3-18] 한 평면 위의 3개의 벡터

```
import numpy as np
import matplotlib.pyplot as plt
from mpl_toolkits.mplot3d import Axes3D


a=np.array([1, 5, 0])
b=np.array([4, 4, 0])
c=np.array([4, 7, 0])
```

파이썬과 NumPy로 배우는 선형대수

```
fig=plt.figure()
ax=fig.add_subplot(1, 1, 1, projection='3d')

# 3차원 공간 내에 같은 평면에 있는 3개의 벡터를 그립니다.
ax.quiver(0, 0, 0, a[0], a[1], a[2], color='black', arrow_length_ratio=0.1)
ax.text( a[0], a[1], a[2], 'a', size=15)
ax.quiver(0, 0, 0, b[0], b[1], b[2], color='black', arrow_length_ratio=0.1)
ax.text( b[0], b[1], b[2], 'b', size=15)
ax.quiver(0, 0, 0, c[0], c[1], c[2], color='blue', arrow_length_ratio=0.1)
ax.text( c[0], c[1], c[2], 'c', size=15, color='blue')


ax.set_xlim(0, 8)
ax.set_ylim(0, 8)
ax.set_zlim(0, 8)
ax.set_xlabel('X')
ax.set_ylabel('Y')
ax.set_zlabel('Z')
ax.view_init(elev=20., azim=5)
ax.grid()
ax.set_axisbelow(True)
ax.set_aspect('equal', adjustable='box')

plt.show()
```

벡터 c는 벡터 a, b의 선형 결합으로 나타낼 수 있기 때문에 선형 종속입니다.

$$0.75a + 0.81b = c$$

벡터 c를 왼쪽으로 옮겨보면 0이 아닌 계수를 가지는 벡터의 선형 결합이 됩니다. 3개의 개수가 0일 때 외에도 다음과 같이 선형 결합식이 성립하므로 선형 종속입니다.

$$0.75a + 0.81b - c = 0$$

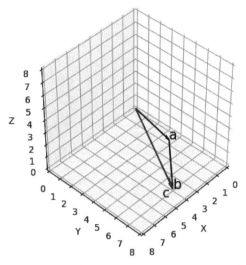

[그림 3-19] 선형 종속

```
import numpy as np
import matplotlib.pyplot as plt
from mpl_toolkits.mplot3d import Axes3D


a=np.array([1, 5, 0])
b=np.array([4, 4, 0])
c=np.array([4, 7, 0])

a=a * 0.75
b=b * 0.81


fig=plt.figure()
ax=fig.add_subplot(1, 1, 1, projection='3d')


ax.quiver(0, 0, 0, a[0], a[1], a[2], color='black', arrow_length_ratio=0.1)
ax.text( a[0], a[1], a[2], 'a', size=15)
ax.quiver(a[0], a[1], a[2], b[0], b[1], b[2], color='black', arrow_length_ratio=0.1)
ax.text( a[0]+b[0], a[1]+b[1], a[2]+b[2], 'b', size=15)
ax.quiver(0, 0, 0, c[0], c[1], c[2], color='blue', arrow_length_ratio=0.1)
```

```
ax.text( c[0]+1, c[1], c[2], 'c', size=15, color='blue')


ax.set_xlim(0, 8)
ax.set_ylim(0, 8)
ax.set_zlim(0, 8)
ax.set_xlabel('X')
ax.set_ylabel('Y')
ax.set_zlabel('Z')
ax.view_init(elev=20., azim=5)
ax.grid()
ax.set_axisbelow(True)
ax.set_aspect('equal', adjustable='box')

plt.show()
```

예 3

세 번째 벡터가 두 벡터가 만드는 평면 바깥에 존재한다면, 두 벡터의 조합으로 세 번째 벡터를 만들 수 없습니다. 따라서 세 벡터는 선형 독립입니다.

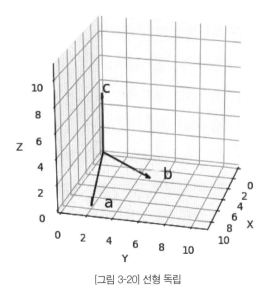

[그림 3-20] 선형 독립

```
import numpy as np
import matplotlib.pyplot as plt
from mpl_toolkits.mplot3d import Axes3D


a=np.array([10, 2, 0])
b=np.array([4, 5, 0])
c=np.array([0, 0, 5])


fig=plt.figure()
ax=fig.add_subplot(1, 1, 1, projection='3d')


ax.quiver(0, 0, 0, a[0], a[1], a[2], color='black', arrow_length_
ratio=0.1)
ax.text( a[0], a[1]+1, a[2], 'a', size=15)
ax.quiver(0, 0, 0, b[0], b[1], b[2], color='black', arrow_length_
ratio=0.1)
ax.text( b[0], b[1]+1, b[2], 'b', size=15)
ax.quiver(0, 0, 0, c[0], c[1], c[2], color='blue', arrow_length_
ratio=0.1)
ax.text( c[0], c[1], c[2], 'c', size=15, color='blue')


ax.set_xlim(0, 11)
ax.set_ylim(0, 11)
ax.set_zlim(0, 11)
ax.set_xlabel('X')
ax.set_ylabel('Y')
ax.set_zlabel('Z')
ax.view_init(elev=20., azim=5)
ax.grid()
ax.set_axisbelow(True)
ax.set_aspect('equal', adjustable='box')

plt.show()
```

3.6.3 랭크

행렬을 구성하는 열벡터 중 선형 독립인 열벡터의 개수를 '열랭크(column rank)'라고 부르고 행렬을 구성하는 행벡터 중 선형 독립인 행벡터의 개수를 '행랭크(row rank)'라고 합니다. 행렬에 대한 열랭크와 행랭크는 항상 같으므로 구별없이 '랭크(rank)'라고 부릅니다. 랭크는 행렬의 행 또는 열의 개수보다 작거나 같습니다.

예 1

다음 행렬 A의 랭크는 2입니다.

$$A = \begin{bmatrix} 0 & 1 & 2 \\ 1 & 2 & 1 \\ 2 & 7 & 8 \end{bmatrix}$$

랭크가 2라는 의미는 행렬을 구성하는 행벡터 중 2개는 선형 독립이고, 행렬을 구성하는 열벡터 중 2개는 선형 독립이라는 것입니다. 2개의 행벡터 또는 열벡터를 결합하여 나머지 행벡터 또는 열벡터를 나타낼 수 있습니다.

예를 들어, 첫 번째 행벡터와 두 번째 행벡터를 선형 결합하면 세 번째 행벡터를 얻을 수 있습니다.

$$3[0 \quad 1 \quad 2] + 2[1 \quad 2 \quad 1] = [2 \quad 7 \quad 8]$$

또한 두 번째 열벡터와 세 번째 열벡터를 선형 결합하면 첫 번째 열벡터를 얻을 수 있습니다.

$$\frac{2}{3}\begin{bmatrix} 1 \\ 2 \\ 7 \end{bmatrix} + \frac{1}{3}\begin{bmatrix} 2 \\ 1 \\ 8 \end{bmatrix} = \begin{bmatrix} 0 \\ 1 \\ 2 \end{bmatrix}$$

넘파이에서는 rank 계산을 위해 'matrix_rank 함수'를 제공합니다.

```
>>> A=np.array([[0, 1, 2], [1, 2, 1], [2, 7, 8]])

>>> np.linalg.matrix_rank(A)
2
```

3.7 벡터 공간

3.7.1 벡터 공간

같은 개수의 성분을 가진 벡터로 구성된 집합 V가 있을 때 다음 두 조건을 만족하면 벡터 집합 V를 '벡터 공간(vector space)'이라고 합니다. 벡터 u, v, w는 벡터 집합 V의 원소이며 a,b는 임의의 스칼라입니다.

❶ 벡터 집합 V에 속하는 임의의 벡터의 선형 결합이 벡터 집합 V에 속합니다.

$$u \in V, \ v \in V, \ au + bv \in V$$

❷ 벡터의 덧셈과 스칼라 곱에 관한 다음 8가지 조건을 만족합니다.

$$(u + v) + w = u + (v + w)$$
$$u + v = v + u$$
$$u + 0 = 0 + u = u$$
$$-u + u = 0$$
$$a(bu) = (ab)u$$
$$1v = v$$
$$a(u + v) = au + av$$
$$(a + b)v = av + bv$$

3.7.2 부분 공간

벡터 공간의 부분 집합인 W가 다음 3가지 조건을 만족하면 '부분 공간(subspace)'이라고 합니다.

❶ 영벡터가 부분 공간의 원소, $0 \in W$

❷ 벡터 v_1과 v_2가 부분 공간 W의 원소라면 $v_1 + v_2$도 부분 공간 W의 원소입니다. 즉, 덧셈에 대해 닫혀 있습니다.

❸ c를 실수 스칼라라고 할 때 부분 공간 W의 원소 v_1에 임의의 스칼라 c를 곱한 cv_1도 부분 공간 W의 원소가 됩니다. 즉, 스칼라곱에 대해 닫혀 있습니다.

V는 벡터 집합 $S = \{v_1, v_2, \cdots, v_n\}$의 원소와 임의의 스칼라 n개의 스칼라 $c_1, c_2, \cdots, c_n$의 선형 결합으로 만들 수 있는 모든 벡터의 집합입니다. V가 부분 공간이 되려면 벡터 집합 S의 원소 벡터는 선형 독립이어야 합니다. 선형 독립의 의미는 벡터 집합 S의 원소의 조합으로 집합 내 다른 벡터를 나타낼 수 없음을 의미합니다. 이때 벡터 집합 S는 부분 공간 V의 기저(basis)가 됩니다. 벡터 집합 S가 부분 공간 V를 생성한다는 의미는 부분 공간의 어떤 벡터도 S의 원소를 사용하여 만들 수 있다는 의미입니다.

예 1

$V = \text{span}\left(\begin{bmatrix} 2 \\ 1 \end{bmatrix}, \begin{bmatrix} -3 \\ 2 \end{bmatrix}\right)$에서 $\begin{bmatrix} 2 \\ 1 \end{bmatrix}$와 $\begin{bmatrix} -3 \\ 2 \end{bmatrix}$는 선형 독립이기 때문에 집합 $S = \left\{\begin{bmatrix} 2 \\ 1 \end{bmatrix}, \begin{bmatrix} -3 \\ 2 \end{bmatrix}\right\}$는 V의 기저가 됩니다. 벡터 2개로 2차원 평면 R^2를 나타낼 수 있습니다.

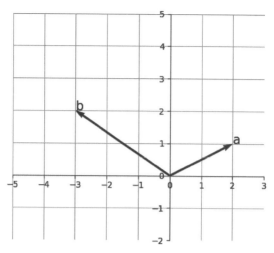

[그림 3-21] 기저 벡터

```
import numpy as np
import matplotlib.pyplot as plt


a=np.array([2, 1])
b=np.array([-3, 2])


fig=plt.figure()
ax=fig.add_subplot(1, 1, 1)


ax.quiver(0, 0, a[0], a[1], angles='xy', scale_units='xy', scale=1)
ax.text(a[0], a[1], "a", size=15)

ax.quiver(0, 0, b[0], b[1], angles='xy', scale_units='xy', scale=1)
ax.text(b[0], b[1], "b", size=15)


ax.set_xticks(range(-5, 4))
ax.set_yticks(range(-2, 6))
```

파이썬과 NumPy로 배우는 선형대수

```
ax.grid()
ax.set_axisbelow(True)
ax.set_aspect('equal', adjustable='box')


ax.spines['left'].set_position('zero')
ax.spines['bottom'].set_position('zero')
ax.spines['right'].set_color('none')
ax.spines['top'].set_color('none')

plt.show()
```

예 2

$\mathbf{V} = \mathrm{span}\left(\begin{bmatrix}2\\1\end{bmatrix}, \begin{bmatrix}-3\\2\end{bmatrix}, \begin{bmatrix}-6\\4\end{bmatrix}\right)$에서 $\begin{bmatrix}2\\1\end{bmatrix}$와 $\begin{bmatrix}-3\\2\end{bmatrix}, \begin{bmatrix}-6\\4\end{bmatrix}$는 선형 독립이 아닙니다. $\begin{bmatrix}2\\1\end{bmatrix}$와 $\begin{bmatrix}-3\\2\end{bmatrix}$ 로도 2차원 공간을 생성할 수 있는데 $\begin{bmatrix}-6\\4\end{bmatrix}$가 추가되어 있습니다. 따라서 집합 $\mathbf{S} = \left\{\begin{bmatrix}2\\1\end{bmatrix}, \begin{bmatrix}-3\\2\end{bmatrix}, \begin{bmatrix}-6\\4\end{bmatrix}\right\}$는 $\boldsymbol{V}$의 기저가 아닙니다.

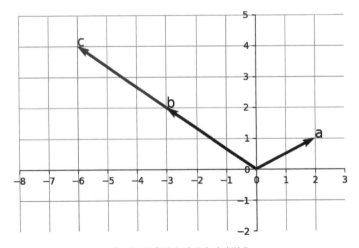

[그림 3-22] 기저 벡터가 아닌 경우

```
import numpy as np
import matplotlib.pyplot as plt


a=np.array([2, 1])
b=np.array([-3, 2])
c=np.array([-6, 4])


fig=plt.figure()
ax=fig.add_subplot(1, 1, 1)


ax.quiver(0, 0, a[0], a[1], angles='xy', scale_units='xy', scale=1)
ax.text(a[0], a[1], "a", size=15)

ax.quiver(0, 0, b[0], b[1], angles='xy', scale_units='xy', scale=1,
zorder=2)
ax.text(b[0], b[1], "b", size=15)

ax.quiver(0, 0, c[0], c[1], angles='xy', scale_units='xy', scale=1,
zorder=1, color='blue')
ax.text(c[0], c[1], "c", size=15, color='blue')


ax.set_xticks(range(-8, 4))
ax.set_yticks(range(-2, 6))
ax.grid()
ax.set_axisbelow(True)
ax.set_aspect('equal', adjustable='box')

ax.spines['left'].set_position('zero')
ax.spines['bottom'].set_position('zero')
ax.spines['right'].set_color('none')
ax.spines['top'].set_color('none')

plt.show()
```

파이썬과 NumPy로 배우는 선형대수

벡터 집합 $S = \left\{ \begin{bmatrix} x \\ y \end{bmatrix} \middle| 0 \le x < 6, 0 \le y \le 6 \right\}$의 원소로 생성되는 공간 V가 부분 공간인지 살펴봅시다. 벡터 집합 S에 속하는 두 벡터를 선택하여 선형 결합한 결과 만들어지는 벡터가 벡터 집합 S를 벗어나기 때문에 부분 공간이 아닙니다.

$$\begin{bmatrix} 2 \\ 4 \end{bmatrix} + \begin{bmatrix} 5 \\ 2 \end{bmatrix} = \begin{bmatrix} 7 \\ 6 \end{bmatrix}$$

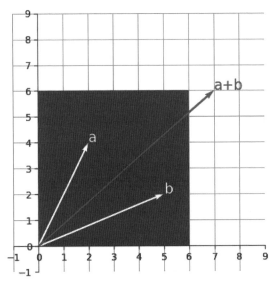

[그림 3-23] 부분 공간이 아닌 경우

```
import numpy as np
import matplotlib.pyplot as plt
from matplotlib.patches import Rectangle, Arrow


a=np.array([2, 4])
b=np.array([5, 2])
```

```
fig=plt.figure()
ax=fig.add_subplot(1, 1, 1)


ax.add_patch(Rectangle((0, 0), 6, 6, alpha=1, facecolor='blue', zorder=1))

ax.quiver(0, 0, a[0], a[1], angles='xy', scale_units='xy', scale=1, zorder=2, color='white')
ax.text(a[0], a[1], "a", size=15, color='white')

ax.quiver(0, 0, b[0], b[1], angles='xy', scale_units='xy', scale=1, zorder=2, color='white')
ax.text(b[0], b[1], "b", size=15, color='white')

ax.quiver(0, 0, a[0]+b[0], a[1]+b[1], angles='xy', scale_units='xy', scale=1, zorder=2, color='red')
ax.text(a[0]+b[0], a[1]+b[1], "a+b", size=15, color='red')



ax.set_xticks(range(-1, 10))
ax.set_yticks(range(-1, 10))
ax.grid()
ax.set_axisbelow(True)
ax.set_aspect('equal', adjustable='box')

ax.spines['left'].set_position('zero')
ax.spines['bottom'].set_position('zero')
ax.spines['right'].set_color('none')
ax.spines['top'].set_color('none')

plt.show()
```

예 4

벡터 집합 $S = \left\{ \begin{bmatrix} x \\ y \end{bmatrix} \Big| y = 0.25x \right\}$의 원소로 생성되는 V가 부분 공간인지 살펴봅니다. 벡터 집합 S에 속하는 두 벡터 a,b를 선택하여 선형 결합한 결과 만들어지는 벡터 $a+b$가 벡터 집합 S를 벗어날 수 없기 때문에 V는 부분 공간입니다.

$$\begin{bmatrix} 4 \\ 1 \end{bmatrix} + \begin{bmatrix} -8 \\ -2 \end{bmatrix} = \begin{bmatrix} -4 \\ -1 \end{bmatrix}$$

파이썬과 NumPy로 배우는 선형대수

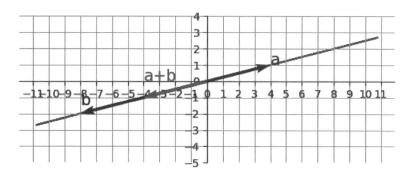

[그림 3-24] 부분 공간인 경우

```
import numpy as np
import matplotlib.pyplot as plt
from matplotlib.patches import Rectangle, Arrow


a=np.array([4, 1])
b=np.array([-8,-2])


fig=plt.figure()
ax=fig.add_subplot(1, 1, 1)


# a과 b에 의해 만들어지는 생성(span)을 그림
line_x=[]
line_y=[]

for c1 in np.linspace(-0.9, 0.9, 25):
    for c2 in np.linspace(-0.9, 0.9, 25):
        c1_a1=a*c1
        c2_a2=b*c2
        sum=c1_a1+c2_a2
        line_x.append(sum[0])
        line_y.append(sum[1])

ax.plot(line_x, line_y, color='blue', zorder=0)
```

```
ax.quiver(0, 0, a[0], a[1], angles='xy', scale_units='xy', scale=1,
zorder=2)
ax.text(a[0], a[1], "a", size=15)

ax.quiver(0, 0, b[0], b[1], angles='xy', scale_units='xy', scale=1,
zorder=2)
ax.text(b[0], b[1]+0.5, "b", size=15)

ax.quiver(0, 0, a[0]+b[0], a[1]+b[1], angles='xy', scale_
units='xy', scale=1, zorder=2, color='red')
ax.text(a[0]+b[0], a[1]+b[1]+1, "a+b", size=15, color='red')


ax.set_xticks(range(-11, 12))
ax.set_yticks(range(-5, 5))
ax.grid()
ax.set_axisbelow(True)
ax.set_aspect('equal', adjustable='box')

ax.spines['left'].set_position('zero')
ax.spines['bottom'].set_position('zero')
ax.spines['right'].set_color('none')
ax.spines['top'].set_color('none')

plt.show()
```

3.7.3 기저

'기저(basis)'는 벡터 공간 V에 속한 벡터로 벡터 공간 V의 모든 벡터를 생성할 수
있는 벡터 집합입니다. 기저가 되려면 다음 2가지 조건을 만족해야 합니다.

❶ 벡터 집합은 선형 독립이어야 합니다.

❷ 벡터 공간 V에 속하는 임의의 벡터 y를 생성할 수 있는 스칼라 $c_1, c_2, \cdots, c_n$ 조합
이 하나만 존재해야 합니다.

$$c_1 x_1 + c_2 x_2 + \cdots + c_n x_n = y$$

예 1

다음 두 벡터가 기저 벡터인지 확인합니다.

$$\mathbf{i} = \begin{bmatrix} 1 \\ 0 \end{bmatrix}, \mathbf{j} = \begin{bmatrix} 0 \\ 1 \end{bmatrix}$$

❶ 다음 식을 만족하는 스칼라가 유일하게 $c_1 = c_2 = 0$일 때뿐이기 때문에 벡터 i, j 는 선형 독립입니다.

$$c_1 \mathbf{i} + c_2 \mathbf{j} = \mathbf{0}$$

❷ 임의로 선택한 벡터 $\begin{bmatrix} 3 \\ 10 \end{bmatrix}$를 만족하는 스칼라 c_1, c_2의 조합은 $c_1 = 3$, $c_2 = 10$ 하나 만 존재합니다.

$$\begin{bmatrix} 3 \\ 10 \end{bmatrix} = c_1 \begin{bmatrix} 1 \\ 0 \end{bmatrix} + c_2 \begin{bmatrix} 0 \\ 1 \end{bmatrix}$$

2가지 조건을 만족하므로 벡터 i, j는 기저 벡터입니다. 부분 공간의 모든 벡터를 만 들 수 있는 기저는 하나만 존재하지 않습니다. 같은 벡터를 나타내더라도 선택하 는 기저에 따라 선형 결합의 계수가 달라집니다. 부분 공간에서 기저 벡터는 하나 가 아니지만 모든 기저 벡터는 부분 공간의 차원 수만큼 원소의 개수를 가집니다.

3.7.4 생성

벡터 집합 $S = \{v_1, v_2, \cdots, v_n\}$가 주어질 때 벡터 집합 S의 원소와 임의의 스칼라 c_1, $c_2, \cdots, c_n$의 선형 결합으로 만들 수 있는 모든 벡터의 집합을 S의 '생성(span)'이라고 합니다. 스칼라 $c_1, c_2, \cdots, c_n$는 선형 결합의 '계수(coefficient)'입니다.

$$c_1 v_1 + c_2 v_2 + \cdots + c_n v_n$$

벡터 집합 S에 속하는 벡터가 선형 독립이면 생성의 기저가 되며 기저 벡터의 성분 개수를 차원이라고 부릅니다.

예 1

벡터 $v_1 = \begin{bmatrix} 1 \\ 0 \end{bmatrix}$과 $v_2 = \begin{bmatrix} 0 \\ 1 \end{bmatrix}$가 주어질 때 임의의 상수 c_1, c_2와 벡터 v_1과 v_2의 선형 결합을 v라 하면 다음과 같이 나타낼 수 있습니다.

$$\mathbf{v} = c_1 v_1 + c_2 v_2 = c_1 \begin{bmatrix} 1 \\ 0 \end{bmatrix} + c_2 \begin{bmatrix} 0 \\ 1 \end{bmatrix} = \begin{bmatrix} c_1 \\ 0 \end{bmatrix} + \begin{bmatrix} 0 \\ c_2 \end{bmatrix} = \begin{bmatrix} c_1 \\ c_2 \end{bmatrix}$$

벡터 v_1과 v_2의 생성, 즉 두 벡터로 나타낼 수 있는 모든 벡터는 $\mathbf{v} = \begin{bmatrix} c_1 \\ c_2 \end{bmatrix}$에 의해 만들어지는 모든 벡터의 집합입니다. c_1과 c_2는 임의의 실수이므로 벡터 v_1과 v_2에 의해 만들어지는 생성은 2차원 평면 위의 모든 벡터를 만들 수 있으므로, 2차원 평면 R^2와 같아집니다.

$$\mathrm{span}(v_1, v_2) = R^2$$

예 2

다음 두 벡터의 선형 결합으로 만들어지는 벡터를 그래프로 그려보면, 평면을 생성한다는 것을 확인할 수 있습니다.

$$c_1 \begin{bmatrix} 2 \\ 1 \end{bmatrix} + c_2 \begin{bmatrix} -3 \\ 2 \end{bmatrix}$$

스칼라 c_1과 c_2의 값으로 -3에서 3 사이의 10개의 실수를 사용하여 선형 결합한 벡터를 점으로 표현하여 그렸습니다. [그림 3-25]에는 두 벡터로 만들 수 있는 평면의 일부만 그렸지만, 벡터 2개만으로도 평면의 모든 벡터를 나타낼 수 있음을 짐작할 수 있습니다. 두 벡터로 만들어지는 생성(span)은 2차원 공간 R^2입니다.

파이썬과 NumPy로 배우는 선형대수

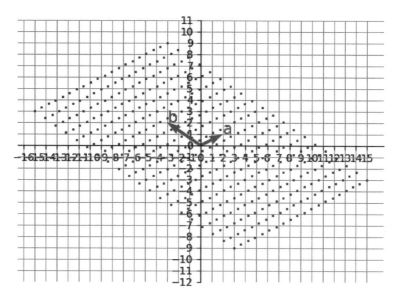

[그림 3-25] 생성 - 평면인 경우

```
import numpy as np
import matplotlib.pyplot as plt
from matplotlib.patches import Rectangle, Arrow


a=np.array([2, 1])
b=np.array([-3, 2])


fig=plt.figure()
ax=fig.add_subplot(1, 1, 1)


# a과 b에 의해 만들어지는 생성(span)을 그림
for c1 in np.linspace(-3, 3, 10):
    for c2 in np.linspace(-3, 3, 10):
        c1_a=a*c1
        c2_b=b*c2
        sum=c1_a+c2_b
```

```
        plt.scatter(sum[0], sum[1], color="blue")


plt.quiver(0, 0, a[0], a[1], angles='xy', scale_units='xy', scale=1, color="red")
plt.text(a[0], a[1], "a", size=15, color="red")
plt.quiver(0, 0, b[0], b[1], angles='xy', scale_units='xy', scale=1, color="red")
plt.text(b[0], b[1], "b", size=15, color="red")


ax.set_xticks(range(-16, 16))
ax.set_yticks(range(-12,12))
ax.grid()
ax.set_axisbelow(True)
ax.set_aspect('equal', adjustable='box')

ax.spines['left'].set_position('zero')
ax.spines['bottom'].set_position('zero')
ax.spines['right'].set_color('none')
ax.spines['top'].set_color('none')

plt.show()
```

예 3

벡터 집합 $S = \{\begin{bmatrix} 1 \\ 2 \end{bmatrix}, \begin{bmatrix} 3 \\ 6 \end{bmatrix}\}$이 주어질 때 집합 S의 생성을 구해봅니다. 벡터 $\begin{bmatrix} 1 \\ 2 \end{bmatrix}$와 , $\begin{bmatrix} 3 \\ 6 \end{bmatrix}$의 선형 결합은 다음과 같습니다. c_1, c_2는 임의의 스칼라입니다.

$$c_1 \begin{bmatrix} 1 \\ 2 \end{bmatrix} + c_2 \begin{bmatrix} 3 \\ 6 \end{bmatrix}$$

벡터 $\begin{bmatrix} 1 \\ 2 \end{bmatrix}$의 3배가 $\begin{bmatrix} 3 \\ 6 \end{bmatrix}$이므로, 다음과 같이 바꾸어 적을 수 있습니다.

$$c_1 \begin{bmatrix} 1 \\ 2 \end{bmatrix} + c_2 \begin{bmatrix} 3 \\ 6 \end{bmatrix} = c_1 \begin{bmatrix} 1 \\ 2 \end{bmatrix} + 3c_2 \begin{bmatrix} 1 \\ 2 \end{bmatrix} = (c_1 + 3c_2) \begin{bmatrix} 1 \\ 2 \end{bmatrix}$$

c_1, c_2는 임의의 실수이므로, $c_1 + 3c_2$를 임의의 스칼라 c_3로 나타낼 수 있습니다.

$$(c_1 + 3c_2) \begin{bmatrix} 1 \\ 2 \end{bmatrix} = c_3 \begin{bmatrix} 1 \\ 2 \end{bmatrix}$$

파이썬과 NumPy로 배우는 선형대수

따라서, 벡터 $\begin{bmatrix}1\\2\end{bmatrix}$와 $\begin{bmatrix}3\\6\end{bmatrix}$의 선형 결합으로 만들 수 있는 모든 벡터는 벡터 $\begin{bmatrix}1\\2\end{bmatrix}$의 스칼라 배입니다. 두 벡터의 생성은 원점과 벡터 $\begin{bmatrix}1\\2\end{bmatrix}$를 지나는 직선으로 나타낼 수 있습니다. 즉, 벡터 $\begin{bmatrix}1\\2\end{bmatrix}$와 $\begin{bmatrix}3\\6\end{bmatrix}$의 선형 결합으로 만드는 생성은 직선입니다.

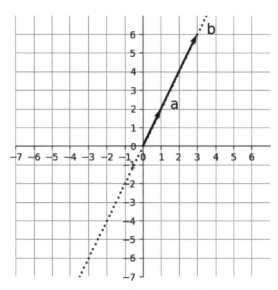

[그림 3-26] 생성 - 직선인 경우

```
import numpy as np
import matplotlib.pyplot as plt
from matplotlib.patches import Rectangle, Arrow


a=np.array([1, 2])
b=np.array([3, 6])


fig=plt.figure()
ax=fig.add_subplot(1, 1, 1)


# a과 b에 의해 만들어지는 생성(span)을 그림
for c1 in np.linspace(-1.5, 1.5, 25):
```

```
    for c2 in np.linspace(-1.5, 1.5, 25):
        c1_a=a*c1
        c2_b=b*c2
        sum=c1_a+c2_b

        ax.scatter(sum[0], sum[1], color="blue", zorder=1, s=1)


ax.quiver(0, 0, a[0], a[1], angles='xy', scale_units='xy', scale=1, color="black", zorder=2)
ax.text(a[0]+0.5, a[1], "a", size=15, color="black", zorder=2)
ax.quiver(0, 0, b[0], b[1], angles='xy', scale_units='xy', scale=1, color="black", zorder=2)
ax.text(b[0]+0.5, b[1], "b", size=15, color="black", zorder=2)


ax.axis([-7, 7, -7, 7]) # 좌표축을 고정
ax.set_xticks(range(-7, 7))
ax.set_yticks(range(-7, 7))
ax.grid()
ax.set_axisbelow(True)
ax.set_aspect('equal', adjustable='box')

ax.spines['left'].set_position('zero')
ax.spines['bottom'].set_position('zero')
ax.spines['right'].set_color('none')
ax.spines['top'].set_color('none')

plt.show()
```

3.8 벡터와 행렬 간 곱셈

벡터와 행렬 간의 계산은 행렬 간 곱셈과 똑같습니다. 행렬의 행에 있는 원소와 벡터의 성분을 곱하여 계산합니다.

$$Ax = \begin{bmatrix} a_1 & b_1 & c_1 \\ a_2 & b_2 & c_2 \\ a_3 & b_3 & c_3 \end{bmatrix} \begin{bmatrix} x_1 \\ x_2 \\ x_3 \end{bmatrix} = \begin{bmatrix} a_1x_1 + b_1x_2 + c_1x_3 \\ a_2x_1 + b_2x_2 + c_2x_3 \\ a_3x_1 + b_3x_2 + c_3x_3 \end{bmatrix}$$

파이썬과 NumPy로 배우는 선형대수

벡터와 행렬 간 곱셈을 벡터의 선형 결합으로 변환하여 구할 수 있습니다. 행렬 A를 열벡터로 바꾸는 방법과 행벡터로 바꾸는 방법이 있습니다. 다음 계산을 2가지 방법으로 계산해보겠습니다.

$$Ax = \begin{bmatrix} 1 & 2 & 3 \\ 4 & 5 & 6 \\ 7 & 8 & 9 \end{bmatrix} \begin{bmatrix} 0.1 \\ 0.2 \\ 0.3 \end{bmatrix} = \begin{bmatrix} 1.4 \\ 3.2 \\ 5.0 \end{bmatrix}$$

행렬 A를 열벡터로 표현하면 벡터와 행렬 간의 곱셈을 열벡터의 선형 결합으로 구할 수 있습니다.

$$Ax = \begin{bmatrix} 1 & 2 & 3 \\ 4 & 5 & 6 \\ 7 & 8 & 9 \end{bmatrix} \begin{bmatrix} 0.1 \\ 0.2 \\ 0.3 \end{bmatrix} = \begin{bmatrix} v_1 & v_2 & v_3 \end{bmatrix} \begin{bmatrix} 0.1 \\ 0.2 \\ 0.3 \end{bmatrix}$$

$$= 0.1v_1 + 0.2v_2 + 0.3v_3$$

$$v_1 = \begin{bmatrix} 1 \\ 4 \\ 7 \end{bmatrix}, v_2 = \begin{bmatrix} 2 \\ 5 \\ 8 \end{bmatrix}, v_3 = \begin{bmatrix} 3 \\ 6 \\ 9 \end{bmatrix}$$

넘파이를 사용하여 다음과 같이 계산할 수 있습니다.

```python
import numpy as np

A=np.array([[1, 2, 3], [4, 5, 6], [7, 8, 9]])
x=np.array([0.1, 0.2, 0.3])

# dot 함수를 사용하여 Ax를 계산합니다.
print(np.dot(A, x))


# 행렬의 열을 벡터로 만들어 계산합니다.
v1=A[:, 0]
v2=A[:, 1]
v3=A[:, 2]

print(np.dot(x[0], v1)+np.dot(x[1], v2)+np.dot(x[2], v3))
```

'dot 함수'를 사용하여 행렬 곱셈한 결과와 열벡터의 선형 결합으로 바꾸어 계산한 결과가 동일합니다.

```
[1.4 3.2 5. ]
[1.4 3.2 5. ]
```

행렬 A의 원소를 행벡터로 표현하면, 벡터와 행렬 간의 곱셈을 벡터의 곱셈으로 구할 수 있습니다.

$$Ax = \begin{bmatrix} 1 & 2 & 3 \\ 4 & 5 & 6 \\ 7 & 8 & 9 \end{bmatrix} \begin{bmatrix} 0.1 \\ 0.2 \\ 0.3 \end{bmatrix} = \begin{bmatrix} v_1 \\ v_2 \\ v_3 \end{bmatrix} x = \begin{bmatrix} v_1 \cdot x \\ v_2 \cdot x \\ v_3 \cdot x \end{bmatrix}$$

넘파이를 사용하여 다음과 같이 계산할 수 있습니다.

```python
import numpy as np


A=np.array([[1, 2, 3], [4, 5, 6], [7, 8, 9]])
x=np.array([0.1, 0.2, 0.3])

# dot 함수를 사용하여 Ax를 계산합니다.
print(np.dot(A, x))


# 행렬의 행을 벡터로 만들어 계산합니다.
v1=A[0]
v2=A[1]
v3=A[2]

C=np.array([np.dot(v1,x), np.dot(v2,x), np.dot(v3,x)])

print(C)
```

```
[1.4 3.2 5. ]
[1.4 3.2 5. ]
```

3.9 선형 연립 방정식

'선형 방정식(Linear Equation)' 또는 일차 방정식은 최고차 항의 차수가 1을 넘지 않는 다항 방정식입니다. 변수가 n개인 선형 방정식을 다음과 같이 나타낼 수 있습니다($a_1, \cdots a_n$, b는 상수).

$$a_1 x_1 + a_2 x_2 + \cdots + a_n x_n = b$$

선형 방정식을 다음과 같이 행렬로 바꾸어 표현할 수 있습니다. 열벡터를 디폴트로 사용하기 때문에 벡터 $\boldsymbol{a}$는 전치된 벡터로 나타냅니다.

$$\begin{bmatrix} a_1 & a_2 & \cdots & a_n \end{bmatrix} \begin{bmatrix} x_1 \\ x_2 \\ \vdots \\ x_n \end{bmatrix} = b$$

$$\boldsymbol{a}^T \boldsymbol{x} = b$$

둘 이상의 선형 방정식을 묶어서 '선형 연립 방정식(Linear System)'을 만듭니다. $a_{11}, \cdots, a_{mn}$과 $b_1, \cdots, b_m$이 주어질 때, 미지수 $x_1, \cdots, x_n$을 구하는 문제입니다.

$$a_{11} x_1 + a_{12} x_2 + \cdots + a_{1n} x_n = b_1$$
$$a_{21} x_1 + a_{22} x_2 + \cdots + a_{2n} x_n = b_2$$
$$\vdots$$
$$a_{m1} x_1 + a_{m2} x_2 + \cdots + a_{mn} x_n = b_m$$

선형 연립 방정식은 다음과 같이 행렬로 바꾸어 표현할 수 있습니다.

$$\begin{bmatrix} a_{11} & a_{12} & \cdots & a_{1n} \\ a_{21} & a_{22} & \cdots & a_{2n} \\ \vdots & \vdots & & \vdots \\ a_{m1} & a_{m2} & \cdots & a_{mn} \end{bmatrix} \begin{bmatrix} x_1 \\ x_2 \\ \vdots \\ x_n \end{bmatrix} = \begin{bmatrix} b_1 \\ b_2 \\ \vdots \\ b_m \end{bmatrix}$$

$$\mathbf{Ax} = \mathbf{b}$$

행렬 A, x, b는 각각 m×n, n×1, m×1 크기를 갖습니다.

3.9.1 선형 방정식의 개수와 미지수의 개수가 같은 경우

선형 연립 방정식을 구성하는 선형 방정식의 개수와 미지수의 개수가 같으면 행렬로 변환하면 정사각행렬로 계수가 표현됩니다. 역행렬이 구해지면 역행렬을 사용하여 선형 연립 방정식을 풀 수 있으며 하나의 해가 존재합니다.

3개의 선형 방정식이 있는 경우를 예로 들어보겠습니다.

$$a_{11}x_1 + a_{12}x_2 + a_{13}x_3 = b_1$$
$$a_{21}x_1 + a_{22}x_2 + a_{23}x_3 = b_2$$
$$a_{31}x_1 + a_{32}x_2 + a_{33}x_3 = b_3$$

미지수 x_1, x_2, x_3를 열벡터로 표현한 후 연립 방정식의 계수를 행렬로 바꿉니다.

$$\begin{bmatrix} a_{11} & a_{12} & a_{13} \\ a_{21} & a_{22} & a_{23} \\ a_{31} & a_{32} & a_{33} \end{bmatrix} \begin{bmatrix} x_1 \\ x_2 \\ x_3 \end{bmatrix} = \begin{bmatrix} b_1 \\ b_2 \\ b_3 \end{bmatrix}$$

행렬을 각각 A, x, b로 바꾸어 표현할 수 있습니다.

$$\mathbf{Ax = b}$$

행렬 A의 역행렬 A^{-1}을 구하여 양변에 곱해주면 해벡터 x가 구해집니다.

$$A^{-1}\mathbf{Ax} = A^{-1}\mathbf{b}$$

$$\mathbf{x} = A^{-1}\mathbf{b}$$

크기 2×2인 행렬 $\mathbf{A} = \begin{bmatrix} a & b \\ c & d \end{bmatrix}$의 경우 역행렬을 다음처럼 구할 수 있습니다.

$$A^{-1} = \frac{1}{ad - bc}\begin{bmatrix} d & -b \\ -c & a \end{bmatrix}$$

판별식이라고 부르는 $ad-bc$의 값이 0이 아니면 역행렬은 존재하며, 하나의 해를 구할 수 있습니다. 반면, $ad-bc$의 값이 0이면 해가 없거나 무수히 많은 해를 가집니다.

예 1

다음 연립 방정식은 $ad-bc \neq 0$이기 때문에 역행렬이 존재하며 해가 하나 존재합니다.

$$7x_1 + 2x_2 = -5$$
$$-7x_1 + 5x_2 = 12$$
$$\begin{bmatrix} 7 & 2 \\ -7 & 5 \end{bmatrix}\begin{bmatrix} x_1 \\ x_2 \end{bmatrix} = \begin{bmatrix} -5 \\ 12 \end{bmatrix}$$
$$\mathbf{Ax} = \mathbf{b}$$

역행렬을 구하여 양변에 곱해줍니다.

$$\begin{bmatrix} 7 & 2 \\ -7 & 5 \end{bmatrix}^{-1}\begin{bmatrix} 7 & 2 \\ -7 & 5 \end{bmatrix}\begin{bmatrix} x \\ y \end{bmatrix} = \begin{bmatrix} 7 & 2 \\ -7 & 5 \end{bmatrix}^{-1}\begin{bmatrix} -5 \\ 12 \end{bmatrix}$$

역행렬을 구하여 우변에 곱해주면 해의 벡터를 구할 수 있습니다.

$$\begin{bmatrix} x \\ y \end{bmatrix} = \frac{1}{49}\begin{bmatrix} 5 & -2 \\ 7 & 7 \end{bmatrix}\begin{bmatrix} -5 \\ 12 \end{bmatrix}$$
$$\begin{bmatrix} x \\ y \end{bmatrix} = \begin{bmatrix} -1 \\ 1 \end{bmatrix}$$

넘파이에서는 역행렬을 구하는 inv 함수를 사용하여 위와 같은 과정으로 계산할 수 있습니다.

```
import numpy as np

A=np.array([[7, 2], [-7, 5]])
b=np.array([-5, 12])

# 역행렬을 구한 후 벡터 b에 곱하면 x를 구할 수 있습니다.
invA=np.linalg.inv(A)
x=np.dot(invA, b)

print(x)
```

```
[-1. 1.]
```

넘파이에서는 편리하게 사용할 수 있는 'solve 함수'를 제공합니다. 아규먼트로 입력되는 행렬 A는 정사각형 행렬이고, full-rank여야 합니다. full-rank는 n×n 행렬인 경우 랭크가 n이어야 한다는 의미입니다. 즉, 행렬을 구성하는 열벡터 또는 행벡터가 선형 독립이어야 합니다. 계수 행렬 A의 rank를 계산해보면, 랭크가 행의 개수 또는 열의 개수와 같기 때문에 full rank입니다.

```
>>> import numpy as np

>>> A=np.array([[7, 2], [-7, 5]])

>>> np.linalg.matrix_rank(A)
2
```

계수 행렬이 full rank이기 때문에 'solve 함수'를 사용하여 선형 연립 방정식의 해를 구할 수 있습니다.

```
import numpy as np
```

파이썬과 NumPy로 배우는 선형대수

```
A=np.array([[7, 2], [-7, 5]])
b=np.array([-5, 12])

x=np.linalg.solve(A, b)

print(x)
```

```
[-1. 1.]
```

연립 방정식의 해가 가진 기하학적인 의미는 선형 방정식이 나타내는 직선의 교점입니다. 그래프로 그려 확인해봅니다. 2개의 선형 방정식을 직선으로 그리면, 선형 방정식의 해는 두 직선의 교차점에 위치합니다.

```
import numpy as np
import matplotlib.pyplot as plt


A=np.array([[7, 2], [-7, 5]])
b=np.array([-5, 12])

x=np.linalg.solve(A, b)

# 해벡터인 x를 그래프로 표현하기 위해 x1, y1로 표기합니다.
x1, y1=x
print(x1, y1)


fig=plt.figure()
ax=fig.add_subplot(1, 1, 1)


# 선형 방정식을 직선으로 그립니다.
a1=A[:, 0]
b1=A[:, 1]
c1=-b
```

```
# c1x+c2y=c3
# c2y=c3-c1x
# y=(c3-c1x)/c2

for c1, c2, c3 in zip(A[:, 0], A[:, 1], b):
    x=np.linspace(-7, 7, 100)
    y=(c3-c1*x)/c2
    ax.plot(x, y, color="black")


# 연립 방정식의 해를 빨간 점으로 표시합니다.
ax.plot(x1, y1, 'ro')

ax.axis([-7, 7, -7, 7])
ax.set_xticks(range(-7, 7))
ax.set_yticks(range(-7,7))
ax.grid()
ax.set_axisbelow(True)
ax.set_aspect('equal', adjustable='box')

ax.spines['left'].set_position('zero')
ax.spines['bottom'].set_position('zero')

ax.spines['right'].set_color('none')
ax.spines['top'].set_color('none')

plt.show()
```

파이썬과 NumPy로 배우는 선형대수

두 직선의 교점과 연립 방정식의 해가 일치함을 확인할 수 있습니다.

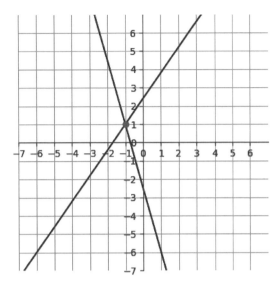

[그림 3-27] 선형 방정식 - 해가 있는 경우

벡터 공간에서는 어떤 의미인지 알아봅니다. 선형 연립 방정식을 행렬 형태로 바꿉니다.

$$7x + 2y = -5$$
$$-7x + 5y = 12$$

$$\begin{bmatrix} 7 & 2 \\ -7 & 5 \end{bmatrix} \begin{bmatrix} x \\ y \end{bmatrix} = \begin{bmatrix} -5 \\ 12 \end{bmatrix}$$

$$\mathbf{Ax} = \mathbf{b}$$

연립 방정식을 열벡터의 선형 결합으로 바꿉니다. x와 y의 스칼라입니다.

$$\begin{bmatrix} 7 \\ -7 \end{bmatrix} x + \begin{bmatrix} 2 \\ 5 \end{bmatrix} y = \begin{bmatrix} -5 \\ 12 \end{bmatrix}$$

$$\mathbf{a_1}x + \mathbf{a_2}y = \mathbf{b}$$

벡터 $\mathbf{a_1}, \mathbf{a_2}$가 만드는 생성(span)에 벡터 $\mathbf{b}$가 포함되어야 연립 방정식은 해를 갖

습니다. 즉, 벡터 a_1, a_2의 선형 결합으로 벡터 b를 만들 수 있어야 합니다.

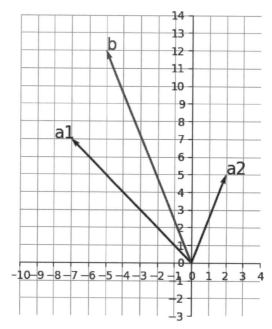

[그림 3-28] 연립 방정식의 해가 가진 의미

```
import numpy as np
import matplotlib.pyplot as plt


a1=np.array([7, -7])
a2=np.array([2, 5])
b=np.array([-5, 12])

# 연립 방정식의 계수 벡터 A를 구합니다.
A=np.column_stack((a1, a2))
# solve 함수로 해를 구합니다.
x=np.linalg.solve(A, b)

# 벡터에 해벡터의 스칼라를 곱합니다.
```

파이썬과 NumPy로 배우는 선형대수

```
x1, y1=x
a1=a1 * x1
a2=a2 * y1


fig=plt.figure()
ax=fig.add_subplot(1, 1, 1)


# 벡터 a1과 a2로 벡터 b를 만들 수 있음을 확인합니다.
ax.quiver(0, 0, a1[0], a1[1], angles='xy', scale_units='xy', scale=1)
ax.text(a1[0]-1, a1[1], 'a1', size=15)
ax.quiver(0, 0, a2[0], a2[1], angles='xy', scale_units='xy', scale=1)
ax.text(a2[0], a2[1], 'a2', size=15)
ax.quiver(0, 0, b[0], b[1], angles='xy', scale_units='xy', scale=1, color='blue')
ax.text(b[0], b[1], 'b', size=15, color='blue')


ax.set_xticks(range(-10, 5))
ax.set_yticks(range(-3, 15))
ax.grid()
ax.set_axisbelow(True)
ax.set_aspect('equal', adjustable='box')

ax.spines['left'].set_position('zero')
ax.spines['bottom'].set_position('zero')
ax.spines['right'].set_color('none')
ax.spines['top'].set_color('none')

plt.show()
```

solve 함수를 사용하여 $Ax=b$로부터 해벡터 x를 구하고 해벡터 x의 값을 스칼라 x, y의 값으로 사용하여 식이 성립하는지 그래프로 그려보면 벡터 a_1과 a_2의 선형 결합과 벡터 b가 일치하는 것을 알 수 있습니다. 즉 연립 방정식의 해가 존재합니다.

앞에서 살펴보았듯이, 행렬 A의 랭크가 full rank이기 때문에 벡터 a_1과 벡터 a_2는 선형 독립입니다. 벡터 a_1, a_2 중 하나의 벡터로 다른 벡터를 나타낼 수 없습니다.

따라서 벡터 a_1, a_2의 선형 결합으로 만들어지는 벡터 b는 하나만 존재하기 때문에 연립 방정식의 해는 하나입니다.

$$\begin{bmatrix} 7 \\ -7 \end{bmatrix} x + \begin{bmatrix} 2 \\ 5 \end{bmatrix} y = \begin{bmatrix} -5 \\ 12 \end{bmatrix}$$

$$a_1 x + a_2 y = b$$

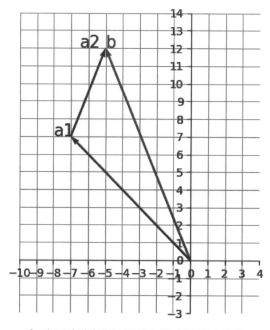

[그림 3-29] 연립 방정식이 해가 있는 경우(벡터 관점)

```
import numpy as np
import matplotlib.pyplot as plt


a1=np.array([7, -7])
a2=np.array([2, 5])
b=np.array([-5, 12])

# 연립 방정식의 계수 벡터 A를 구합니다.
```

```
A=np.column_stack((a1, a2))
# solve 함수로 해를 구합니다.
x=np.linalg.solve(A, b)

# 벡터에 해벡터의 스칼라를 곱합니다.
x1, y1=x
a1=a1 * x1
a2=a2 * y1


fig=plt.figure()
ax=fig.add_subplot(1, 1, 1)


# 벡터 a1과 a2로 벡터 b를 만들 수 있음을 확인합니다.
ax.quiver(0, 0, a1[0], a1[1], angles='xy', scale_units='xy',
scale=1)
ax.text(a1[0]-1, a1[1], 'a1', size=15)
ax.quiver(a1[0], a1[1], a2[0], a2[1], angles='xy', scale_
units='xy', scale=1)
ax.text(a1[0]+a2[0]-1.5, a1[1]+a2[1], 'a2', size=15)
ax.quiver(0, 0, b[0], b[1], angles='xy', scale_units='xy', scale=1,
color='blue')
ax.text(b[0], b[1], 'b', size=15, color='blue')



ax.set_xticks(range(-10, 5))
ax.set_yticks(range(-3, 15))
ax.grid()
ax.set_axisbelow(True)
ax.set_aspect('equal', adjustable='box')

ax.spines['left'].set_position('zero')
ax.spines['bottom'].set_position('zero')
ax.spines['right'].set_color('none')
ax.spines['top'].set_color('none')

plt.show()
```

다음 연립 방정식은 판별식 $ad-bc=0$이기 때문에 역행렬이 존재하지 않으며 해가 없거나, 무수히 많은 해를 가집니다.

$$5x + 5y = 10$$

$$5x + 5y = 20$$

$$\begin{bmatrix} 5 & 5 \\ 5 & 5 \end{bmatrix} \begin{bmatrix} x \\ y \end{bmatrix} = \begin{bmatrix} 10 \\ 20 \end{bmatrix}$$

연립 선형 방정식을 그래프로 그려보면 평행한 2개의 직선으로 그릴 수 있습니다. 두 직선이 만나지 않기 때문에 해가 존재하지 않는 것을 알 수 있습니다.

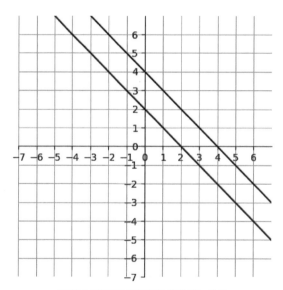

[그림 3-30] 연립 방정식의 해가 없는 경우

```
import numpy as np
import matplotlib.pyplot as plt
```

```python
A=np.array([[5, 5], [5, 5]])
b=np.array([10, 20])

a1=A[:, 0]
b1=A[:, 1]
c1=-b


fig=plt.figure()
ax=fig.add_subplot(1, 1, 1)


# c1x+c2y=c3
# c2y=c3-c1x
# y=(c3-c1x)/c2

# c1x+c2y=c3
# c1x=c3-c2y
# x=(c3-c2y)/c1

for c1, c2, c3 in zip(A[:, 0], A[:, 1], b):

    if c2 == 0:
        y=np.linspace(-20, 20, 100)
        x=(c3-c2*y)/c1
        plt.plot(x, y, color="black")
    else:
        x=np.linspace(-20, 20, 100)
        y=(c3-c1*x)/c2
        plt.plot(x, y, color="black")


ax.axis([-7, 7, -7, 7])
ax.set_xticks(range(-7, 7))
ax.set_yticks(range(-7, 7))
ax.grid()
ax.set_axisbelow(True)
ax.set_aspect('equal', adjustable='box')
```

```
ax.spines['left'].set_position('zero')
ax.spines['bottom'].set_position('zero')

ax.spines['right'].set_color('none')
ax.spines['top'].set_color('none')

plt.show()
```

연립 방정식을 열벡터의 선형 결합으로 바꾸어 생각해봅니다.

$$\begin{bmatrix} 5 & 5 \\ 5 & 5 \end{bmatrix} \begin{bmatrix} x \\ y \end{bmatrix} = \begin{bmatrix} 10 \\ 20 \end{bmatrix}$$

$$\begin{bmatrix} 5 \\ 5 \end{bmatrix} x + \begin{bmatrix} 5 \\ 5 \end{bmatrix} y = \begin{bmatrix} 10 \\ 20 \end{bmatrix}$$

$$\boldsymbol{a_1}x + \boldsymbol{a_2}y = \boldsymbol{b}$$

벡터 $\boldsymbol{a_1}$과 $\boldsymbol{a_2}$가 만드는 생성에 벡터 $\boldsymbol{b}$가 포함되지 않기 때문에 해가 존재하지 않습니다.

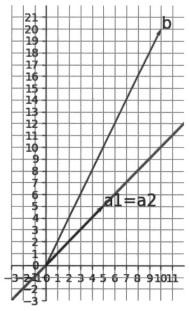

[그림 3-31] 연립 방정식의 해가 없는 경우(벡터 관점)

```python
import numpy as np
import matplotlib.pyplot as plt


A=np.array([[5, 5], [5, 5]])
b=np.array([10, 20])


a1=A[:, 0]
a2=A[:, 1]


fig=plt.figure()
ax=fig.add_subplot(1, 1, 1)


# a1과 a2에 의해 만들어지는 생성(span)을 그림
line_x=[]
line_y=[]

for c1 in np.linspace(-5, 25, 25):
    for c2 in np.linspace(-5, 25, 25):
        c1_a1=a1*c1
        c2_a2=a1*c2
        sum=c1_a1+c2_a2
        line_x.append(sum[0])
        line_y.append(sum[1])

plt.plot(line_x, line_y, color="red", zorder=1)


# 벡터 a1, a2, b를 그림
plt.quiver(0, 0, a1[0], a1[1], angles='xy', scale_units='xy', scale=1, zorder=2)
plt.quiver(0, 0, a2[0], a2[1], angles='xy', scale_units='xy', scale=1, zorder=2)
plt.quiver(0, 0, b[0], b[1], angles='xy', scale_units='xy', scale=1, color="blue")
plt.text(a1[0], a1[1], "a1=a2", size=15, zorder=2)
plt.text(b[0], b[1], "b", size=15)
```

```
ax.axis([-3, 12, -3, 22])
ax.set_xticks(range(-3, 12))
ax.set_yticks(range(-3, 22))
ax.grid()
ax.set_axisbelow(True)
ax.set_aspect('equal', adjustable='box')

ax.spines['left'].set_position('zero')
ax.spines['bottom'].set_position('zero')

ax.spines['right'].set_color('none')
ax.spines['top'].set_color('none')

plt.show()
```

예 3

다음 연립 방정식은 판별식 $ad-bc=0$이기 때문에 역행렬이 존재하지 않으며 해가 없거나, 무수히 많은 해를 가집니다.

$$x + y = 10$$

$$2x + 2y = 20$$

$$\begin{bmatrix} 1 & 1 \\ 2 & 2 \end{bmatrix} \begin{bmatrix} x \\ y \end{bmatrix} = \begin{bmatrix} 10 \\ 20 \end{bmatrix}$$

연립 선형 방정식을 그래프로 그려보면 두 직선이 일치하여 하나의 직선으로 그려집니다. 두 직선이 일치하기 때문에 해가 무수히 많이 존재하는 것입니다.

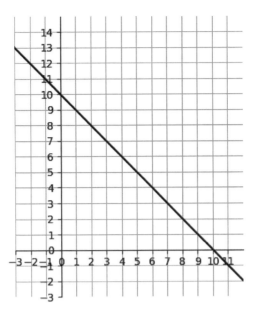

[그림 3-32] 연립 방정식의 해가 많은 경우

```
import numpy as np
import matplotlib.pyplot as plt


A=np.array([[1, 1], [2, 2]])
b=np.array([10, 20])


a1=A[:, 0]
b1=A[:, 1]
c1=-b


fig=plt.figure()
ax=fig.add_subplot(1, 1, 1)


# c1x+c2y=c3
# c2y=c3-c1x
# y=(c3-c1x)/c2
```

```
# c1x+c2y=c3
# c1x=c3-c2y
# x=(c3-c2y)/c1

for c1, c2, c3 in zip(A[:, 0], A[:, 1], b):

    if c2 == 0:
        y=np.linspace(-20, 20, 100)
        x=(c3-c2*y)/c1
        plt.plot(x, y, color="black")
    else:
        x=np.linspace(-20, 20, 100)
        y=(c3-c1*x)/c2
        plt.plot(x, y, color="black")


ax.axis([-3, 12, -3, 15])
ax.set_xticks(range(-3, 12))
ax.set_yticks(range(-3, 15))
ax.grid()
ax.set_axisbelow(True)
ax.set_aspect('equal', adjustable='box')

ax.spines['left'].set_position('zero')
ax.spines['bottom'].set_position('zero')
ax.spines['right'].set_color('none')
ax.spines['top'].set_color('none')

plt.show()
```

열벡터의 선형 결합으로 바꾸어 생각해보겠습니다.

$$\begin{bmatrix} 1 & 1 \\ 2 & 2 \end{bmatrix} \begin{bmatrix} x \\ y \end{bmatrix} = \begin{bmatrix} 10 \\ 20 \end{bmatrix}$$

$$\begin{bmatrix} 1 \\ 2 \end{bmatrix} x + \begin{bmatrix} 1 \\ 2 \end{bmatrix} y = \begin{bmatrix} 10 \\ 20 \end{bmatrix}$$

$$\boldsymbol{a_1}x + \boldsymbol{a_2}y = \boldsymbol{b}$$

파이썬과 NumPy로 배우는 선형대수

벡터 a_1, a_2가 선형 결합하여 만드는 생성에 벡터 b가 포함됩니다. 벡터 a_1, a_2, b가 같은 일직선상에 있기 때문에 선형 결합 시 사용 가능한 스칼라 x, y는 무한히 많습니다. 따라서 해가 무수히 많이 존재합니다.

행렬 A의 랭크가 행의 개수 또는 열의 개수보다 작아서 full rank가 아니기 때문에 벡터 a_1과 벡터 a_2는 선형 종속임을 알 수 있습니다. 즉, 벡터 a_1, a_2 중 하나의 벡터로 다른 벡터를 나타낼 수 있습니다. 따라서, 벡터 a_1, a_2의 선형 결합으로 만들어지는 벡터 b는 하나가 아니라 무수히 많이 존재하기 때문에 연립 방정식의 해는 무수히 많습니다.

```
>>> import numpy as np

>>> A=np.array([[1, 1], [2, 2]])

>>> np.linalg.matrix_rank(A)
1
```

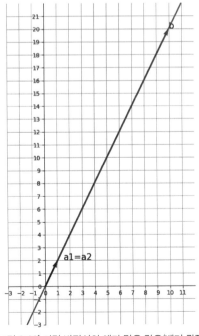

[그림 3-33] 연립 방정식의 해가 많은 경우(벡터 관점)

```
import numpy as np
import matplotlib.pyplot as plt


A=np.array([[1, 1], [2, 2]])
b=np.array([10, 20])


a1=A[:, 0]
a2=A[:, 1]


fig=plt.figure()
ax=fig.add_subplot(1, 1, 1)


# a1과 a2에 의해 만들어지는 생성(span)을 그림
line_x=[]
line_y=[]

for c1 in np.linspace(-5, 25, 25):
    for c2 in np.linspace(-5, 25, 25):
        c1_a1=a1*c1
        c2_a2=a1*c2
        sum=c1_a1+c2_a2
        line_x.append(sum[0])
        line_y.append(sum[1])

ax.plot(line_x, line_y, color="red", zorder=1)


# 벡터 a1, a2, b를 그림
ax.quiver(0, 0, a1[0], a1[1], angles='xy', scale_units='xy', scale=1, zorder=3)
ax.quiver(0, 0, a2[0], a2[1], angles='xy', scale_units='xy', scale=1, zorder=3)
ax.quiver(0, 0, b[0], b[1], angles='xy', scale_units='xy', scale=1, color="blue", zorder=2)
ax.text(a1[0]+0.5, a1[1], "a1=a2", size=15)
ax.text(b[0], b[1], "b", size=15)
```

파이썬과 NumPy로 배우는 선형대수

```
ax.axis([-3, 12, -3, 22])
ax.set_xticks(range(-3, 12))
ax.set_yticks(range(-3, 22))
ax.grid()
ax.set_axisbelow(True)
ax.set_aspect('equal', adjustable='box')

ax.spines['left'].set_position('zero')
ax.spines['bottom'].set_position('zero')
ax.spines['right'].set_color('none')
ax.spines['top'].set_color('none')

plt.show()
```

3.9.2 선형 방정식의 개수와 미지수의 개수가 다른 경우

선형 연립 방정식을 구성하는 선형 방정식의 개수와 미지수의 개수가 같지 않은 경우 행렬로 변환하면 '직사각행렬(rectangular matrix)'로 계수가 표현됩니다. 선형 방정식의 개수가 더 많은 경우에는 무한해가 되며 미지수의 개수가 더 많은 경우에는 해가 존재하지 않습니다. 이 경우, 최소제곱법(least squares)으로 해를 구할 수 있습니다.

선형 방정식의 개수가 미지수의 개수보다 적은 경우 다음과 같이 행렬로 표현됩니다. 일반적으로 무한 개의 해를 가집니다.

$$a_{11}x_1 + a_{12}x_2 + a_{13}x_3 = b_1$$
$$a_{21}x_1 + a_{22}x_2 + a_{23}x_3 = b_2$$

$$\begin{bmatrix} a_{11} & a_{12} & a_{13} \\ a_{21} & a_{22} & a_{23} \end{bmatrix} \begin{bmatrix} x_1 \\ x_2 \\ x_3 \end{bmatrix} = \begin{bmatrix} b_1 \\ b_2 \end{bmatrix}$$

$$\mathbf{Ax = b}$$

선형 방정식의 개수가 미지수의 개수보다 많은 경우 다음과 같이 행렬로 표현됩니다. 일반적으로 해가 없습니다.

$$a_{11}x_1 + a_{12}x_2 + a_{13}x_3 = b_1$$

$$a_{21}x_1 + a_{22}x_2 + a_{23}x_3 = b_2$$

$$a_{31}x_1 + a_{32}x_2 + a_{33}x_3 = b_3$$

$$a_{41}x_1 + a_{42}x_2 + a_{43}x_3 = b_4$$

$$\begin{bmatrix} a_{11} & a_{12} & a_{13} \\ a_{21} & a_{22} & a_{23} \\ a_{31} & a_{32} & a_{33} \\ a_{41} & a_{42} & a_{43} \end{bmatrix} \begin{bmatrix} x_1 \\ x_2 \\ x_3 \end{bmatrix} = \begin{bmatrix} b_1 \\ b_2 \\ b_3 \\ b_4 \end{bmatrix}$$

$$\mathbf{Ax = b}$$

행렬이 정사각형 행렬이 아니므로, 넘파이의 solve 함수를 사용할 수 없습니다. 이 경우 'lstsq 함수'를 사용할 수 있습니다.

예 1

선형 방정식의 개수가 미지수의 개수보다 적은 경우입니다. 선형 연립 방정식을 행렬로 변환하여 넘파이로 해를 구합니다.

$$\begin{cases} x_1 + 2x_2 + 3x_3 = 2 \\ x_1 + 5x_2 + x_3 = 1 \end{cases}$$

$$\begin{bmatrix} 1 & 2 & 3 \\ 1 & 5 & 1 \end{bmatrix} \begin{bmatrix} x_1 \\ x_2 \\ x_3 \end{bmatrix} = \begin{bmatrix} 2 \\ 1 \end{bmatrix}$$

$$\mathbf{Ax = b}$$

```
import numpy as np

# 행렬 A의 크기는 2×3
A=np.array([[1, 2, 3], [1, 5, 1]])
```

```
# 행렬 b의 크기는 2×1
b=np.array([2, 1])

# 행렬 x의 크기는 3×1
x=np.linalg.lstsq(A, b, rcond=-1)[0]
print(x)
```

```
[0.14285714 0.05494505 0.58241758]
```

matplotlib를 사용하여 그래프로 그려보면 lstsq 함수는 2개의 평면이 만나는 교선의 한 점을 리턴합니다. 두 평면의 해는 하나의 직선인데 lstsq 함수는 그중 한 점을 리턴하는 것입니다.

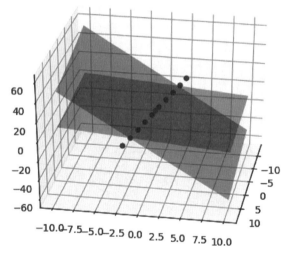

[그림 3-34] lstsq 함수의 리턴 값

```
import numpy as np
import matplotlib.pyplot as plt
from mpl_toolkits.mplot3d import Axes3D
```

```python
# 행렬 A의 크기는 2×3
A=np.array([[1, 2, 3], [1, 5, 1]])
# 행렬 b의 크기는 2×1
b_=np.array([2, 1])

x=np.linalg.lstsq(A, b_, rcond=-1)[0]


fig=plt.figure()
ax=fig.gca(projection='3d')

dim=10


a1=A[0]
a2=A[1]


a=a1[0]
b=a1[1]
c=a1[2]
d=-b_[0]

X1, Y1=np.meshgrid([-dim, dim], [-dim, dim])
# aX1+bY1+cZ1=d
# cZ1=d-aX1-bY1
# Z1=(d-aX1-bY1) / c
Z1=(d-a*X1-b*Y1) / c


a=a2[0]
b=a2[1]
c=a2[2]
d=-b_[1]
X2, Y2=np.meshgrid([-dim, dim], [-dim, dim])
Z2=(d-a*X2-b*Y2) / c


v=np.cross(a1, a2)
```

파이썬과 NumPy로 배우는 선형대수

```
for t in np.linspace(-1, 1, 10):
    x1=x[0]+v[0] * t
    y1=x[1]+v[1] * t
    z1=x[2]+v[2] * t
    ax.scatter(x1, y1, z1, color='blue', zorder=4)

ax.plot_surface(X1, Y1, Z1, color='red', alpha=.3, linewidth=0, zorder=1)
ax.plot_surface(X2, Y2, Z2, color='blue', alpha=.3, linewidth=0, zorder=3)

ax.scatter(x[0], x[1], x[2], color='red', zorder=5)


plt.show()
```

계수 행렬의 A의 열벡터의 조합으로 벡터 b를 만들 수 없으므로, 최대한 가까이에 있는 벡터 $b\_$를 만듭니다.

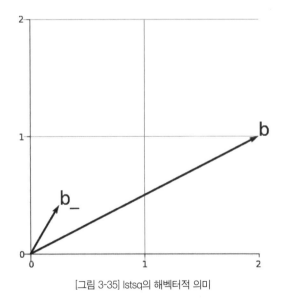

[그림 3-35] lstsq의 해벡터적 의미

```
import numpy as np
import matplotlib.pyplot as plt
```

```python
# 행렬 A의 크기는 2×3
A=np.array([[1, 2, 3], [1, 5, 1]])

# 행렬 b의 크기는 2×1
b=np.array([2, 1])

x=np.linalg.lstsq(A, b, rcond=-1)[0]


a1=A[:, 0]
a2=A[:, 1]


sum=a1 * x[0]+a2 * x[1]


fig=plt.figure()
ax=fig.add_subplot(1, 1, 1)


ax.quiver(0, 0, sum[0], sum[1], angles='xy', scale_units='xy', scale=1)
ax.text(sum[0], sum[1], "b_", size=20)
ax.quiver(0, 0, b[0], b[1], angles='xy', scale_units='xy', scale=1)
ax.text(b[0], b[1], "b", size=20)


ax.set_xticks(range(0, 3))
ax.set_yticks(range(0, 3))
ax.grid()
ax.set_axisbelow(True)
ax.set_aspect('equal', adjustable='box')

ax.spines['left'].set_position('zero')
ax.spines['bottom'].set_position('zero')
ax.spines['right'].set_color('none')
ax.spines['top'].set_color('none')

plt.show()
```

선형 방정식의 개수가 미지수의 개수보다 많은 경우입니다. 선형 연립 방정식을
행렬로 변환하여 넘파이로 해를 구해보겠습니다.

$$\begin{cases} \quad\;\; x_2 = -1 \\ -2x_1 + x_2 = -4 \\ \;\;2x_1 + x_2 = \;\;8 \end{cases}$$

$$\begin{bmatrix} 0 & 1 \\ -2 & 1 \\ 2 & 1 \end{bmatrix} \begin{bmatrix} x_1 \\ x_2 \end{bmatrix} = \begin{bmatrix} -1 \\ -4 \\ 8 \end{bmatrix}$$

$$\mathbf{Ax = b}$$

```
>>> import numpy as np

>>> A=np.array([[0, 1], [-2, 1], [2, 1]])

>>> b=np.array([-1, -4, 8])

>>> np.linalg.lstsq(A, b, rcond=-1)[0]
[3. 1.]
```

matplotlib를 사용하여 그래프로 그려보면 lstsq 함수는 3개의 직선에 수직인 위치
에 있는 한 점을 리턴합니다. 수직 거리가 최단 거리이기 때문입니다. 어떤 x를 입
력하더라도 Ax와 b가 같아질 수는 없기 때문에 근사한 위치를 찾아줍니다.

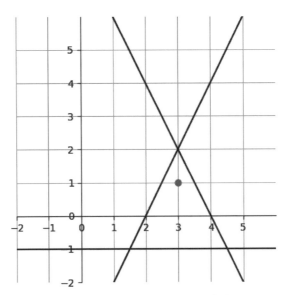

[그림 3-36] 미지수가 적은 경우 lstsq의 해

```python
import numpy as np
import matplotlib.pyplot as plt


A=np.array([[0, 1], [-2, 1], [2, 1]])
b=np.array([-1, -4, 8])
x=np.linalg.lstsq(A, b, rcond=-1)[0]


# 해벡터인 x를 그래프로 표현하기 위해 x1, y1로 표기합니다.
x1, y1=x


a1=A[:, 0]
b1=A[:, 1]
c1=-b


fig=plt.figure()
```

파이썬과 NumPy로 배우는 선형대수

```
ax=fig.add_subplot(1, 1, 1)


# c1x+c2y=c3
# c2y=c3-c1x
# y=(c3-c1x)/c2

for c1, c2, c3 in zip(A[:, 0], A[:, 1], b):

    x=np.linspace(-20, 20, 100)
    y=(c3-c1*x)/c2
    ax.plot(x, y, color="black")


ax.plot(x1, y1, 'ro')


ax.axis([-2, 6, -2, 6])
ax.set_xticks(range(-2, 6))
ax.set_yticks(range(-2, 6))
ax.grid()
ax.set_axisbelow(True)
ax.set_aspect('equal', adjustable='box')

ax.spines['left'].set_position('zero')
ax.spines['bottom'].set_position('zero')

ax.spines['right'].set_color('none')
ax.spines['top'].set_color('none')

plt.show()
```

계수 행렬의 A의 열벡터의 조합으로 벡터 b를 만들 수 없기 때문에 최대한 가까이 에 있는 벡터 $b\_$를 만듭니다.

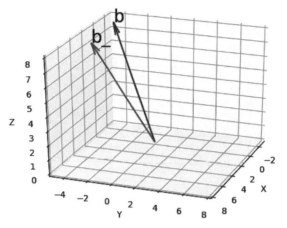

[그림 3-37] lstsq의 해벡터적 의미

```
import numpy as np
import matplotlib.pyplot as plt
from mpl_toolkits.mplot3d import Axes3D


A=np.array([[0, 1], [-2, 1], [2, 1]])
b=np.array([-1, -4, 8])
x=np.linalg.lstsq(A, b, rcond=-1)[0]


a1=A[:, 0]
a2=A[:, 1]


sum=a1 * x[0]+a2 * x[1]


fig=plt.figure()
ax=fig.add_subplot(1, 1, 1, projection='3d')


ax.quiver(0, 0, 0, sum[0], sum[1], sum[2], color='red', arrow_length_ratio=0.1)
ax.text(sum[0], sum[1], sum[2], "b_", size=20)
ax.quiver(0, 0, 0, b[0], b[1], b[2], color='blue', arrow_length_ratio=0.1)
```

파이썬과 NumPy로 배우는 선형대수

```
ax.text(b[0], b[1], b[2], "b", size=20)


ax.set_xlim(-3, 8)
ax.set_ylim(-5, 8)
ax.set_zlim(0, 8)
ax.set_xlabel('X')
ax.set_ylabel('Y')
ax.set_zlabel('Z')
ax.view_init(elev=20., azim=5)


plt.show()
```

3.10 행렬식

'행렬식(Determinant)'은 정사각형 행렬을 실수에 대응시키는 함수입니다. 연립 방정식의 해나 역행렬을 구할 때 사용됩니다. 연립 방정식의 계수 행렬에 대한 행렬식이 0이 아니면 연립 방정식은 해를 가집니다. 행렬식이 0이면 해가 무수히 많거나 해가 없는 경우입니다. 행렬식이 0이 아닐 때 역행렬이 존재하며, 행렬식이 0이면 역행렬이 존재하지 않습니다.

절댓값과 같은 기호를 사용합니다. A의 행렬식은 |A| 또는 det(A)로 표기합니다. 크기 1×1인 행렬의 행렬식은 자기 자신입니다.

$$\det(a) = a$$

크기 2×2인 행렬의 행렬식은 다음과 같습니다.

$$\det \begin{pmatrix} a & b \\ c & d \end{pmatrix} = ad - bc$$

크기 2×2인 행렬의 행렬식은 다음과 같습니다.

$$\det \begin{pmatrix} a & b & c \\ d & e & f \\ g & h & i \end{pmatrix} = a \det \begin{pmatrix} e & f \\ h & i \end{pmatrix} - b \det \begin{pmatrix} d & f \\ g & i \end{pmatrix} + c \det \begin{pmatrix} d & e \\ g & h \end{pmatrix}$$

$$= aei - afh - bdi + bfg + cdh - ceg$$

넘파이에서는 행렬식 계산을 위해 det 함수를 제공합니다.

```
>>> import numpy as np

>>> A=np.array([10])
>>> B=np.array([[1, 2], [3, 4]])
>>> C=np.array([[1, 2, 3], [4, 5, 6], [7, 8, 9]])


# 1차원 행렬에 대한 행렬식 계산은 넘파이에서 지원하지 않습니다.
>>> np.linalg.det(A)
Traceback (most recent call last):
  File "<stdin>", line 1, in <module>
  File "C:\Users\webnautes\AppData\Local\Programs\Python\Python36\lib\site-packages\numpy\linalg\linalg.py",
    line 2018, in det _assertRankAtLeast2(a)
  File "C:\Users\webnautes\AppData\Local\Programs\Python\Python36\lib\site-packages\numpy\linalg\linalg.py",
    line 204, in _assertRankAtLeast2 'at least two-dimensional' % a.ndim)
numpy.linalg.linalg.LinAlgError: 1-dimensional array given. Array must be at least two-dimensional


# 2차원 행렬
>>> np.linalg.det(B)
-2.0000000000000004


# 3차원 행렬
>>> np.linalg.det(C)
0.0
```

파이썬과 NumPy로 배우는 선형대수

행렬식은 2개의 행벡터가 같은 직선 상에 있는지 여부를 나타냅니다. 행렬식을 계산한 결과가 0이라면 두 벡터는 같은 직선 상에 있는 것입니다.

```
>>> import numpy as np

>>> A=np.array([[10, 6], [5, 3]])

# 행렬 A의 두 행벡터는 비례하기 때문에, 즉 같은 직선상의 벡터이므로
>>> print(A)
[[10  6]
 [ 5  3]]

# 행렬식은 0입니다.
>>> print(np.linalg.det(A))
0.0

# 행렬 A.T의 두 행벡터는 비례하지 않기 때문에, 즉 같은 직선상의 벡터가 아니므로
>>> print(A.T)
[[10  5]
 [ 6  3]]

# 행렬식은 0이 아닙니다.
>>> print(np.linalg.det(A.T))
-4.440892098500603e-15
```

2×2 행렬 A에서 A의 열벡터에 의해 결정되는 평행사변형의 부피는 $|\det(A)|$입니다. 크기 2×2인 행렬에 대한 행렬식 $ad-bc$는 두 벡터가 만드는 평행사변형의 넓이입니다.

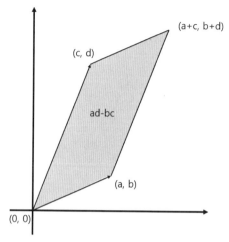

[그림 3-38] 행렬식의 기하학적 의미

아래 그림을 사용하여 유도해보겠습니다. 정사각형에서 평행사변형이 아닌 부분을 빼면 크기 2×2 행렬을 위한 행렬식 공식인 $ad-bc$가 구해집니다.

$$(a + c)(b + d) - 2bc - ab - cd$$
$$= ab + ad + bc + cd - 2bc - ab - cd$$
$$= ad - bc$$

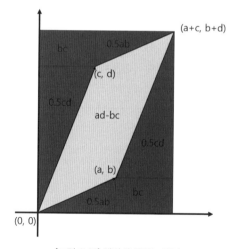

[그림 3-39] 행렬식 구하는 방법

파이썬과 NumPy로 배우는 선형대수

행렬식을 사용하여 변환 행렬의 특성을 확인할 수 있습니다. 변환 행렬은 다음 3가지를 독자적으로 사용하거나 조합하여 사용합니다.

- **Translation:** 개체를 이동시키는 연산입니다.
- **Scale:** 개체를 확대 또는 축소시키는 연산입니다.
- **Rotation:** 개체를 회전시키는 연산입니다.

예 1

다음 행렬은 2배 확대하는 변환 행렬입니다.

$$A = \begin{bmatrix} 2 & 0 \\ 0 & 2 \end{bmatrix}$$

사각형 A에 변환 행렬을 곱하면 높이, 너비가 2배로 확대되면서 사각형 B가 됩니다.

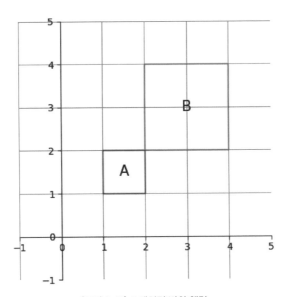

[그림 3-40] 스케일링 변환 행렬

```python
import numpy as np
import matplotlib.pyplot as plt
import matplotlib.patches as patches


points=np.array([[1,1],[1,2],[2,2],[2,1]])
A=np.array([[2, 0], [0, 2]])


fig=plt.figure()
ax=fig.add_subplot(1, 1, 1)


print(np.linalg.det(A))


ax.add_patch(patches.Polygon(points, fill=False, color='blue', zorder=1))
ax.add_patch(patches.Polygon(np.dot(points,A), fill=False, color="red", zorder=2))
ax.text(1.4, 1.4, 'A', size=15)
ax.text(2.9, 2.9, 'B', size=15)


ax.set_xticks(range(-1, 6))
ax.set_yticks(range(-1, 6))
ax.grid()
ax.set_axisbelow(True)
ax.set_aspect('equal', adjustable='box')


ax.spines['left'].set_position('zero')
ax.spines['bottom'].set_position('zero')
ax.spines['right'].set_color('none')
ax.spines['top'].set_color('none')

plt.show()
```

'det 함수'를 사용하여 행렬 A의 행렬식을 계산해보면 사각형의 넓이가 4배로 늘어
났음을 알 수 있습니다. 변환 행렬에 따라 det 함수 계산 결과가 음수로 나올 수도
있기 때문에 절댓값으로 확인해야 합니다.

3.11 고유값, 고유벡터

정사각형 행렬 A에 대하여 $Av = \lambda v$ (λ는 상수)가 성립하는 0이 아닌 벡터 v가 존재할 때 상수 λ를 행렬 A의 '고유값(eigenvalue)', 벡터 v를 '고유벡터(eigenvector)'라고 합니다.

$$\begin{bmatrix} a_{11} & a_{12} & \cdots & a_{13} \\ a_{21} & a_{22} & \cdots & a_{23} \\ \vdots & \vdots & & \vdots \\ a_{31} & a_{32} & \cdots & a_{nn} \end{bmatrix} \begin{bmatrix} v_1 \\ v_2 \\ \vdots \\ v_n \end{bmatrix} = \lambda \begin{bmatrix} v_1 \\ v_2 \\ \vdots \\ v_n \end{bmatrix}$$

$$\boldsymbol{Av = \lambda v}$$

행렬 A와 고유벡터를 곱하면 방향은 고유벡터와 평행하게 되고 크기만 상수 λ만큼 바뀝니다. 행렬 A를 곱했는데도 고유 벡터의 방향이 항상 일정한 이유는, 행렬 A에 의해서 변형되는 방향과 벡터의 방향이 평행하기 때문입니다.

예 1

행렬 A가 주어질 때 다음과 같이 고유값과 고유벡터를 구합니다.

$$A = \begin{bmatrix} 3 & 2 \\ 4 & 1 \end{bmatrix}$$

우선 고유값을 구합니다.

$$\det(A - \lambda I) = 0$$
$$\begin{vmatrix} 3 - \lambda & 2 \\ 4 & 1 - \lambda \end{vmatrix} = (3 - \lambda)(1 - \lambda) - 8 = 0$$
$$\lambda^2 - 4\lambda - 5 = (\lambda - 5)(\lambda + 1) = 0$$
$$\lambda = 5, -1$$

각 고유값에 대한 고유벡터를 구합니다.

$\lambda=5$일 때

$$(A - 5I)\boldsymbol{v} = 0$$
$$\begin{bmatrix} 3-5 & 2 \\ 4 & 1-5 \end{bmatrix} \begin{bmatrix} v_1 \\ v_2 \end{bmatrix} = 0$$
$$\begin{bmatrix} -2 & 2 \\ 4 & -4 \end{bmatrix} \begin{bmatrix} v_1 \\ v_2 \end{bmatrix} = 0$$
$$-2v_1 + 2v_2 = 0$$
$$4v_1 - 4v_2 = 0$$
$$v_1 = v_2$$
$$\begin{bmatrix} v_1 \\ v_2 \end{bmatrix} = c_1 \begin{bmatrix} 1 \\ 1 \end{bmatrix}$$

$\lambda=-1$일 때

$$(A - (-1)I)\mathrm{x} = 0$$
$$\begin{bmatrix} 3-(-1) & 2 \\ 4 & 1-(-1) \end{bmatrix} \begin{bmatrix} v_1 \\ v_2 \end{bmatrix} = 0$$
$$\begin{bmatrix} 4 & 2 \\ 4 & 2 \end{bmatrix} \begin{bmatrix} v_1 \\ v_2 \end{bmatrix} = 0$$
$$4v_1 + 2v_2 = 0$$
$$4v_1 + 2v_2 = 0$$
$$-v_1 = 2v_2$$
$$\begin{bmatrix} v_1 \\ v_2 \end{bmatrix} = c_2 \begin{bmatrix} -1 \\ 2 \end{bmatrix}$$

넘파이의 'eig 함수'를 사용하여 고유벡터를 구하면, 고유벡터를 벡터의 크기로 나누어서 정규화된 벡터를 리턴합니다. 그래서 eig 함수로부터 구한 고유벡터는 손으로 푼 것과 비율이 같습니다. Eig 함수로부터 고유벡터를 리턴받은 후, 열벡터를 취해야 개별 고유벡터가 되므로 주의해야 합니다.

$$\begin{bmatrix} 0.70710678 \\ 0.70710678 \end{bmatrix} = \begin{bmatrix} 1 \\ 1 \end{bmatrix}$$

파이썬과 NumPy로 배우는 선형대수

$$\begin{bmatrix} -0.4472136 \\ 0.89442719 \end{bmatrix} = \begin{bmatrix} -1 \\ 2 \end{bmatrix}$$

```
import numpy as np

A=np.array([[3, 2], [4, 1]])

print("A")
print(A)
print()


eigenvalue,eigenvector=np.linalg.eig(A)

print("고유값")
print(eigenvalue)
print("고유벡터")
print(eigenvector)
print()

# 고유벡터는 eigenvector의 열벡터입니다.
eigenvector1=eigenvector[:, 0]
eigenvector2=eigenvector[:, 1]
eigenvalue1=eigenvalue[0]
eigenvalue2=eigenvalue[1]

# lambda * eigenvector와 A * eigenvector가 같음을 확인합니다.
print("lambda * eigenvector == A * eigenvector")
print(eigenvalue1*eigenvector1, np.dot(A, eigenvector1))
print(eigenvalue2*eigenvector2, np.dot(A, eigenvector2))
```

```
A
[[3 2]
 [4 1]]

고유값
[ 5. -1.]
```

```
고유벡터
[[ 0.70710678 -0.4472136 ]
 [ 0.70710678  0.89442719]]

lambda * eigenvector == A * eigenvector
[3.53553391 3.53553391] [3.53553391 3.53553391]
[ 0.4472136  -0.89442719] [ 0.4472136  -0.89442719]
```

예 2

예를 들어, 다음 행렬 A에서 고유벡터와 고유값을 찾은 후 기하학적 의미를 살펴봅니다.

$$A = \begin{bmatrix} 4 & 3 \\ 1 & -2 \end{bmatrix}$$

행렬 A를 곱한 고유벡터 v_1은 동일한 방향으로 약 4.46배 크기가 커졌으며, 행렬 A를 곱한 고유벡터 v_2는 반대방향으로 약 2.46배 크기가 커졌습니다. 행렬 A에 고유벡터를 곱하면, 고유 벡터의 전후 방향은 평행하고 고유 벡터의 크기만 바뀐 것을 확인할 수 있습니다.

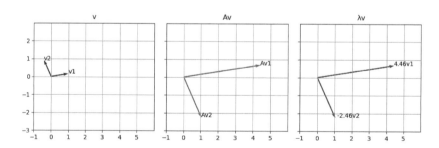

[그림 3-41] 고유벡터의 기하학적 의미

```python
import numpy as np
import matplotlib.pyplot as plt


A=np.array([[4, 3], [1, -2]])


# 고유벡터와 고유값 계산
eigenvalue,eigenvector=np.linalg.eig(A)

eigenvector1=eigenvector[:,0]
eigenvector2=eigenvector[:,1]
lambda1=eigenvalue[0]
lambda2=eigenvalue[1]


# 1 x 3 크기의 서브플롯 생성
f, ax= plt.subplots(1, 3)

# 서브플롯 상단에 텍스트 추가
ax[0].title.set_text('v')
ax[1].title.set_text('Av')
ax[2].title.set_text('λv')

# Av, lambda*v 계산
s1=np.dot(A, eigenvector1)
s2=np.dot(A, eigenvector2)
w1=np.dot(eigenvector1, lambda1)
w2=np.dot(eigenvector2, lambda2)


# 벡터 표시
ax[0].quiver(0, 0, eigenvector1[0], eigenvector1[1], angles='xy', scale_units='xy', scale=1, color="black")
ax[0].quiver(0, 0, eigenvector2[0], eigenvector2[1], angles='xy', scale_units='xy', scale=1, color="black")
ax[0].text(eigenvector1[0], eigenvector1[1], 'v1', size=10)
ax[0].text(eigenvector2[0], eigenvector2[1], 'v2', size=10)
ax[1].quiver(0, 0, s1[0], s1[1], angles='xy', scale_units='xy', scale=1, color="red")
ax[1].quiver(0, 0, s2[0], s2[1], angles='xy', scale_units='xy', scale=1, color="red")
ax[1].text(s1[0], s1[1], 'Av1', size=10)
ax[1].text(s2[0], s2[1], 'Av2', size=10)
```

```
ax[2].quiver(0, 0, w1[0], w1[1], angles='xy', scale_units='xy', scale=1, color="blue")
ax[2].quiver(0, 0, w2[0], w2[1], angles='xy', scale_units='xy', scale=1, color="blue")
ax[2].text(w1[0], w1[1], '{:.2f}v1'.format(lambda1), size=10)
ax[2].text(w2[0], w2[1], ' {:.2f}v2'.format(lambda2), size=10)


# 그리드 생성
start_x=-1
end_x=6
start_y=-3
end_y=3
for i in range(3):
    ax[i].axis([start_x, end_x, start_y, end_y])
    ax[i].set_xticks(range(start_x, end_x))
    ax[i].set_yticks(range(start_y, end_y))
    ax[i].grid(True)
    ax[i].set_aspect('equal', adjustable='box')

plt.show()
```

'선형 변환(linear transformation)'은 선형 결합을 보존하는 두 벡터 공간 사이의 함수입니다. 영벡터가 아닌 벡터를 회전(Rotation), 확대/축소(Scaling), 전단 매핑(shear mapping)하더라도 선형 변환 전후의 벡터의 방향이 평행하고 확대/축소만 된다면 벡터는 선형 변환의 고유벡터라 하며, 확대/축소되는 크기를 고유값이라고 합니다.

벡터 v에 행렬 A를 곱하여 벡터 b를 얻는 것을 입력 벡터인 v에 선형 변환을 적용했다고 합니다. 행렬 A는 벡터 v를 벡터 b로 매핑합니다.

$$Av = b$$

다음 행렬 A를 사용하여 아래 그림 왼쪽에 있는 한 변의 크기가 2인 정사각형을 선형 변환합니다.

$$A = \begin{bmatrix} 2 & 0 \\ 0 & 3 \end{bmatrix}$$

정사각형이 세로 방향으로 3배, 가로 방향으로 2배 커집니다. 고유벡터 v_1과 v_2는 선형 변환 결과 방향은 변하지 않고 크기만 각각 3배, 2배로 바뀝니다. 변형된 벡터의 크기는 대응하는 고유값의 크기입니다. 벡터 W는 선형 변환 결과 방향이 바뀌기 때문에 고유벡터가 아닙니다.

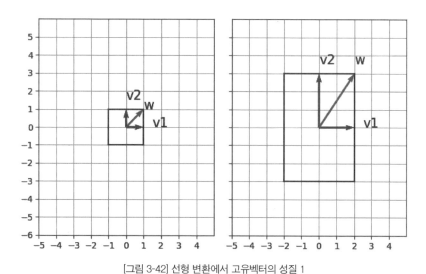

[그림 3-42] 선형 변환에서 고유벡터의 성질 1

```
import numpy as np
import matplotlib.pyplot as plt


A=np.array([[2, 0], [0, 3]])


eigenvalue,eigenvector=np.linalg.eig(A)

eigenvector1=eigenvector[:,0]
eigenvector2=eigenvector[:,1]
lambda1=eigenvalue[0]
lambda2=eigenvalue[1]
```

```
f, ax= plt.subplots(1, 2)


points=np.array([[-1, 1,], [1, 1,], [1, -1,], [-1, -1,], [-1, 1,]])
x=points[:, 0]
y=points[:, 1]




for idx in range(len(points)-1):

    ax[0].plot([points[idx,0], points[idx+1,0]], [points[idx,1], points[idx+1,1]], color='black' )

    new_point1=np.dot(A, points[idx])
    new_point2=np.dot(A, points[idx+1])
    ax[1].plot([new_point1[0], new_point2[0]], [new_point1[1], new_point2[1]], color='black' )


v1=np.dot(A, eigenvector1)
v2=np.dot(A, eigenvector2)

w=np.array([1, 1])
w_=np.dot(A, w)


ax[0].quiver(0, 0, eigenvector1[0], eigenvector1[1], angles='xy', scale_units='xy', scale=1, color='blue', width=0.01)
ax[0].quiver(0, 0, eigenvector2[0], eigenvector2[1], angles='xy', scale_units='xy', scale=1, color='blue', width=0.01)
ax[0].quiver(0, 0, w[0], w[1], angles='xy', scale_units='xy', scale=1, color='red', width=0.01)
ax[0].text(eigenvector1[0]+0.5, eigenvector1[1], 'v1', size=15)
ax[0].text(eigenvector2[0], eigenvector2[1]+0.5, 'v2', size=15)
ax[0].text(w[0], w[1], 'w', size=15)
ax[1].quiver(0, 0, v1[0], v1[1], angles='xy', scale_units='xy', scale=1, color="blue", width=0.01)
ax[1].quiver(0, 0, v2[0], v2[1], angles='xy', scale_units='xy', scale=1, color="blue", width=0.01)
ax[1].quiver(0, 0, w_[0], w_[1], angles='xy', scale_units='xy', scale=1, color="red", width=0.01)
ax[1].text(v1[0]+0.5, v1[1], 'v1', size=15)
ax[1].text(v2[0], v2[1]+0.5, 'v2', size=15)
ax[1].text(w_[0], w_[1]+0.5, 'w', size=15)


start_x=-5
```

파이썬과 NumPy로 배우는 선형대수

```
end_x=5
start_y=-6
end_y=6

for i in range(2):
    ax[i].axis([start_x, end_x, start_y, end_y])
    ax[i].set_xticks(range(start_x, end_x))
    ax[i].set_yticks(range(start_y, end_y))
    ax[i].grid(True)
    ax[i].set_axisbelow(True)
    ax[i].set_aspect('equal', adjustable='box')


plt.show()
```

다음 행렬은 가로 방향으로 2배, 세로 방향으로 3배 확대되는 선형 변환입니다. 작게 그려진 방사형 화살표가 선형 변환에 의해서 좀 더 큰 방사형 화살표로 바뀝니다. 결과를 보면 중앙에 2개의 화살표로 그려진 고유벡터의 방향에 있는 벡터만 선형 변환 후 방향을 유지하고, 다른 벡터들은 선형 변환 후 방향이 바뀌었기 때문에 방향이 어긋나 있는 것을 볼 수 있습니다.

$$A = \begin{bmatrix} 2 & 0 \\ 0 & 3 \end{bmatrix}$$

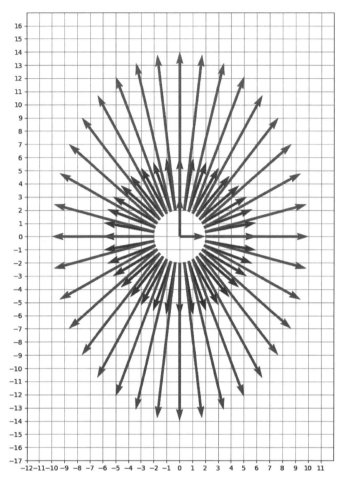

[그림 3-43] 선형 변환에서 고유벡터의 성질 2

파이썬과 NumPy로 배우는 선형대수

```
import numpy as np
import matplotlib.pyplot as plt


A=np.array([[2, 0], [0, 3]])


eigenvalue,eigenvector=np.linalg.eig(A)

eigenvector1=eigenvector[:,0]
eigenvector2=eigenvector[:,1]
lambda1=eigenvalue[0]
lambda2=eigenvalue[1]


f, ax= plt.subplots(1, 1)


v1=np.dot(A, eigenvector1)
v2=np.dot(A, eigenvector2)



for theta in range(0,360,10):
    radian=theta*np.pi/180
    X1=2*np.cos(radian)
    Y1=2*np.sin(radian)
    X2=4*np.cos(radian)
    Y2=4*np.sin(radian)

    U,V=np.dot(A, np.array([X2, Y2]))

    ax.quiver(X1, Y1, X2, Y2, angles='xy', scale_units='xy', scale=1, color='blue')
    ax.quiver(X1, Y1, U, V, angles='xy', scale_units='xy', scale=1, color='red')


ax.quiver(0, 0, eigenvector1[0]*eigenvalue[0], eigenvector1[1]*eigenvalue[0], angles='xy', scale_units='xy', scale=1, color='green')
ax.quiver(0, 0, eigenvector2[0]*eigenvalue[1], eigenvector2[1]*eigenvalue[1], angles='xy', scale_units='xy', scale=1, color='green')
```

```
start_x=-12
end_x=12
start_y=-17
end_y=17

ax.axis([start_x, end_x, start_y, end_y])
ax.set_xticks(range(start_x, end_x))
ax.set_yticks(range(start_y, end_y))
ax.grid(True)
ax.set_axisbelow(True)
ax.set_aspect('equal', adjustable='box')


plt.show()
```

파이썬과 NumPy로 배우는 선형대수

α

$\Leftrightarrow$ $\sum$ n_l

$W_{ij}^{(l)} - \alpha \dfrac{\partial}{\partial W_{ij}^{(l)}} J(W, b)$

$\mathbf{l}_l$

$\dfrac{1}{m} \sum_{i=1}^{m} \left(\dfrac{1}{2} \|y^{(i)} - h_{W,b}(x^{(i)})\|^2 \right)$

Chapter

4

$\delta_i^{(l)} = \dfrac{\partial}{\partial z_i^{(l)}} J(W, b; x, y)$

예제 1: 이미지 기하학적 변환

이번 장에서는 이미지에 대한 '기하학적 변환(Geometric Transformations)'을 사용하여 이미지의 위치, 방향, 크기를 바꾸어보겠습니다. 이미지를 불러와서 화면에 보여주고 픽셀 단위로 접근하기 위해 'OpenCV'를 사용합니다. OpenCV(Open Source Computer Vision)는 영상처리(Image Processing) 및 컴퓨터 비전(Computer Vision)에 사용되는 라이브러리입니다.

'윈도우키+R'키를 누른 후, 실행창에서 'cmd'를 입력한 다음, 엔터를 눌러 명령 프롬프트 창을 실행합니다. 다음 명령을 명령 프롬프트 창에 입력하여 OpenCV를 설치합니다.

```
pip install opencv-contrib-python
```

4.1 이동

'이동(Translation)'은 객체의 모양이나 방향을 바꾸지 않고 객체의 위치만 변경하는 변환입니다. 점 (x, y)를 x 방향으로 T_x만큼, y 방향으로 T_y만큼 이동시켜, (x', y')가 되게 하는 변환은 다음과 같은 식으로 나타냅니다.

$$x' = x + T_x$$
$$y' = y + T_y$$

식을 행렬로 바꿉니다.

$$\begin{bmatrix} x' \\ y' \end{bmatrix} = \begin{bmatrix} x + T_x \\ y + T_y \end{bmatrix}$$
$$\begin{bmatrix} x' \\ y' \end{bmatrix} = \begin{bmatrix} x \\ y \end{bmatrix} + \begin{bmatrix} T_x \\ T_y \end{bmatrix}$$

좌표 (x, y) 대신에 좌표 $(x, y, 1)$을 사용하는 '동치 좌표(Homogeneous Coordinates)'를 사용하면 이동 변환을 행렬의 곱으로 할 수 있습니다.

$$\begin{bmatrix} x' \\ y' \\ 1 \end{bmatrix} = \begin{bmatrix} 1 & 0 & T_x \\ 0 & 1 & T_y \\ 0 & 0 & 1 \end{bmatrix} \begin{bmatrix} x \\ y \\ 1 \end{bmatrix}$$

식을 전개한 후 세 번째 원소를 제거하면 동치 좌표 적용 전에 보았던 식과 같습니다.

$$\begin{bmatrix} x' \\ y' \end{bmatrix} = \begin{bmatrix} x + T_x \\ y + T_y \end{bmatrix}$$

예를 들어, 점 (3, 2)는 x 방향으로 4만큼, y 방향으로 7만큼 이동하여 점 (7, 9)가 됩니다. 그림으로 표현하면 [그림 4-1]과 같습니다.

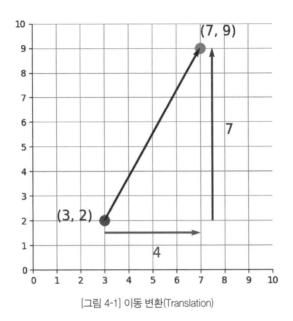

[그림 4-1] 이동 변환(Translation)

이때 사용한 이동 변환을 행렬로 표현하면 다음과 같습니다.

$$\begin{bmatrix} 1 & 0 & 4 \\ 0 & 1 & 7 \\ 0 & 0 & 1 \end{bmatrix}$$

점 (3, 2)를 대입하여 계산해보면 점 (7, 9)로 이동함을 확인할 수 있습니다.

$$\begin{bmatrix} 1 & 0 & 4 \\ 0 & 1 & 7 \\ 0 & 0 & 1 \end{bmatrix}\begin{bmatrix} 3 \\ 2 \\ 1 \end{bmatrix} = \begin{bmatrix} 7 \\ 9 \\ 1 \end{bmatrix}$$

이미지에 이동 변환을 적용하면 이미지를 구성하는 모든 픽셀이 지정한 거리만큼 이동합니다. [그림 4-2]는 양의 x축 방향으로 100픽셀, 양의 y축 방향으로 200픽셀을 이동시킨 결과입니다.

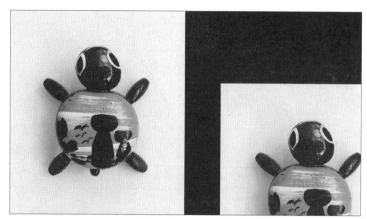

[그림 4-2] 이미지에 적용한 이동 변환

주의할 점은 OpenCV의 원점은 왼쪽 위입니다. 그래서 원점을 기준으로 오른쪽으로 이동하면 x좌표가 증가하며, 아래로 이동하면 y좌표가 증가합니다.

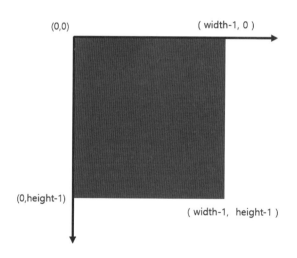

[그림 4-3] OpenCV에서 이미지상 픽셀의 좌표

넘파이를 사용하여 다음과 같이 이미지를 이동시킬 수 있습니다.

파이썬과 NumPy로 배우는 선형대수

```python
import cv2
import numpy as np


# 이미지를 컬러로 로드하여 넘파이 배열 형태로 img에 대입합니다.
img=cv2.imread('image.jpg', cv2.IMREAD_COLOR)

# 이미지가 저장된 넘파이 배열의 너비와 높이를 구합니다.
height,width=img.shape[:2]


# 이동 변환 행렬을 생성합니다. x 방향으로 100픽셀, y 방향으로 200픽셀 이동합
니다.
M=np.array([[1, 0, 100], [0, 1, 200], [0, 0, 1]], dtype=float)

# 결과 이미지를 저장할 넘파이 배열을 입력 이미지와 같은 크기로 생성합니다.
dst=np.zeros(img.shape, dtype=np.uint8)


# 이미지의 전체 픽셀을 스캔합니다.
for y in range(height-1):
        for x in range(width-1):

                # 현재 픽셀 p의 좌표에 이동 변환 행렬 M을 곱하여 이동시킨 좌표
                # p_를 구합니다.
                p=np.array([x, y, 1])
                p_=np.dot(M, p)

                # 이동한 위치인 p_에서 좌표 x_,y_를 정수 형태로 가져옵니다.
                x_,y_=p_[:2]
                x_=int(x_)
                y_=int(y_)

                # 입력 이미지 크기 내로 픽셀이 이동한 경우에만 결과 이미지를
                  저장할 넘파이 배열로 픽셀을 복사합니다.
                if x_ > 0 and x_ < width and y_ > 0 and y_ < height:
                        dst[y_, x_]=img[y, x]

# 입력 이미지와 결과 이미지를 수평으로 연결하여 하나의 이미지로 만듭니다.
result=cv2.hconcat([img, dst])
```

```
# 타이틀 바에 result 문자열을 보여주는 윈도우에 이미지 result를 보여줍니다.
cv2.imshow("result", result)

# 아무 키나 누르기 전까지 대기합니다.
cv2.waitKey(0)
```

이미지에 변환 행렬을 곱하는 과정을 위해 OpenCV에서 제공하는 'warpAffine 함수'를 사용할 수 있습니다.

```
import cv2
import numpy as np


img=cv2.imread('image.jpg', cv2.IMREAD_COLOR)
height,width=img.shape[:2]

M=np.array([[1, 0, 100], [0, 1, 200]], dtype=float)

# warpAffine 함수를 사용하여 이동 변환 행렬을 적용합니다.
dst=cv2.warpAffine(img, M, (width, height))

result=cv2.hconcat([img, dst])

cv2.imshow("result", result)
cv2.waitKey(0)
```

4.2 회전

객체의 모양을 바꾸지 않고 원점을 기준으로 지정한 각도만큼 '회전(Rotation)' 시키는 변환입니다. 점 (x, y)를 원점을 중심으로 θ만큼 회전시켜 점 (x', y')로 이동시키는 변환을 다음 식으로 나타냅니다.

파이썬과 NumPy로 배우는 선형대수

$$\begin{bmatrix} x' \\ y' \end{bmatrix} = \begin{bmatrix} cos\theta & -sin\theta \\ sin\theta & cos\theta \end{bmatrix} \begin{bmatrix} x \\ y \end{bmatrix}$$

좌표 (x, y) 대신에 동치 좌표 $(x, y, 1)$을 사용하면 다음과 같이 나타낼 수 있습니다.

$$\begin{bmatrix} x' \\ y' \\ 1 \end{bmatrix} = \begin{bmatrix} cos\theta & -sin\theta & 0 \\ sin\theta & cos\theta & 0 \\ 0 & 0 & 1 \end{bmatrix} \begin{bmatrix} x \\ y \\ 1 \end{bmatrix}$$

예를 들어, 점 (7, 0)을 반시계 방향으로 45도 회전시키면 반올림하여 (5, 5)로 이동합니다.

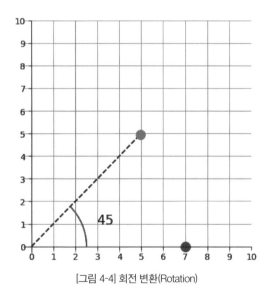

[그림 4-4] 회전 변환(Rotation)

점을 45도 회전시킬 수 있는 회전 변환 행렬은 다음과 같습니다. PI는 3.141592입니다.

$$\begin{bmatrix} cos45 \times PI/180 & -sin45 \times PI/180 & 0 \\ sin45 \times PI/180 & cos45 \times PI/180 & 0 \\ 0 & 0 & 1 \end{bmatrix}$$

점 (7, 0)를 대입하여 계산해서 반올림하면 점 (5, 5)로 이동함을 확인할 수 있습니다.

$$\begin{bmatrix} cos45 \times PI/180 & -sin45 \times PI/180 & 0 \\ sin45 \times PI/180 & cos45 \times PI/180 & 0 \\ 0 & 0 & 1 \end{bmatrix} \begin{bmatrix} 7 \\ 0 \\ 1 \end{bmatrix} = \begin{bmatrix} 5 \\ 5 \\ 1 \end{bmatrix}$$

이미지에 회전 변환을 적용하면, 이미지를 구성하는 모든 픽셀이 원점을 중심으로 반시계 방향으로 회전합니다. [그림 4-5]에서 왼쪽에 보이는 입력 이미지가 오른쪽에서는 원점을 중심으로 반시계 방향으로 45도 회전했습니다.

[그림 4-5] 이미지에 적용한 회전 변환

넘파이를 사용하여 다음과 같이 이미지를 회전시킬 수 있습니다.

```
import cv2
import numpy as np


img=cv2.imread('image.jpg', cv2.IMREAD_COLOR)
height,width=img.shape[:2]

# 45도를 라디안으로 변환하여 코사인값과 사인값을 구합니다.
```

파이썬과 NumPy로 배우는 선형대수

```
angle=45
radian=angle*np.pi/180
c=np.cos(radian)
s=np.sin(radian)

# 회전 변환 행렬을 구성합니다.
# OpenCV의 원점이 왼쪽 아래가 아니라, 왼쪽 위라서 [[c, -s, 0], [s, c, 0]]가 아니라
# [[c, s, 0], [-s, c, 0]]입니다.
rotation_matrix=np.array([[c, s, 0], [-s, c, 0], [0, 0, 1]], dtype=float)


dst=np.zeros(img.shape, dtype=np.uint8)

for y in range(height-1):
        for x in range(width-1):

                # backward mapping
                # 결과 이미지의 픽셀 new_p로 이동하는 입력 이미지의
                # 픽셀 old_p의 위치를 계산합니다.
                new_p=np.array([x, y, 1])
                inv_rotation_matrix=np.linalg.inv(rotation_matrix)
                old_p=np.dot(inv_rotation_matrix, new_p)

                # new_p 위치에 계산하여 얻은 old_p 픽셀의 값을 대입합니다.
                x_,y_=old_p[:2]
                x_=int(x_)
                y_=int(y_)

                # 입력 이미지의 픽셀을 가져올 수 있는 경우에만
                # 결과 이미지의 현재 위치 픽셀로 사용합니다.
                if x_ > 0 and x_ < width and y_ > 0 and y_ < height:
                        dst[y, x]=img[y_, x_]


result=cv2.hconcat([img, dst])
cv2.imshow("result", result)
cv2.waitKey(0)
```

코드에서는 'backward mapping'을 사용하고 있습니다. 회전 변환 행렬 R을 통해
변환 후 이미지의 좌표를 계산하는 방식인 'forward mapping'을 사용하면 [그림

4-6]처럼 결과 이미지에 공백이 생기기 때문입니다.

$$P_{new} = RP_{old}$$

[그림 4-6] forward mapping의 문제점

이 문제를 해결하기 위해 회전 변환 행렬의 역행렬 R^{-1}을 사용하여 새로운 좌표로 이동하게 될 원본 이미지상의 픽셀 위치를 계산합니다. backward mapping이라고 합니다.

$$P_{old} = R^{-1}P_{new}$$

OpenCV에서는 회전 변환 행렬을 생성하는데, 사용할 수 있는 'getRotationMatrix2D 함수'를 제공합니다.

```python
import cv2
import numpy as np


img=cv2.imread('image.jpg', cv2.IMREAD_COLOR)
height,width=img.shape[:2]

angle=45
```

파이썬과 NumPy로 배우는 선형대수

```
center=(0,0)

# getRotationMatrix2D 함수를 사용하여 angle만큼 회전하는 회전 변환 행렬
을 생성합니다.
rotation_matrix=cv2.getRotationMatrix2D(center, angle, 1)

# warpAffine 함수를 사용하여 회전 변환 행렬을 이미지에 적용합니다.
dst=cv2.warpAffine(img, rotation_matrix, (width, height))


result=cv2.hconcat([img, dst])
cv2.imshow("result", result)
cv2.waitKey(0)
```

원점이 아닌 이미지 중심 좌표를 중심으로 객체를 회전시키려면 다음 행렬을 회전
변환 행렬로 사용해야 합니다. (center_x, center_y)가 이미지 중심 좌표입니다.

$$\begin{bmatrix} cos\theta & sin\theta & (1-cos\theta)center\_x - sin\theta center\_y \\ -sin\theta & cos\theta & sin\theta center\_x + (1-cos\theta)center\_y \\ 0 & 0 & 1 \end{bmatrix}$$

이미지에 적용해보면 [그림 4-7]처럼 이미지의 중심 좌표에 대하여 회전하는 것을
볼 수 있습니다.

[그림 4-7] 이미지 중심에 대하여 회전

넘파이로 구현하면 다음과 같습니다.

```python
import cv2
import numpy as np


img=cv2.imread('image.jpg', cv2.IMREAD_COLOR)
height,width=img.shape[:2]

# 45도를 라디안으로 변환하여 코사인값과 사인값을 구합니다.
angle=45
radian=angle*np.pi/180
c=np.cos(radian)
s=np.sin(radian)

# 이미지 중심 좌표를 구합니다.
center_x=width/2
center_y=height/2

# 회전 변환행렬을 구성합니다.
rotation_matrix=np.array([[c, s, (1-c)*center_x-s*center_y], [-s, c, s*center_x+(1-c)*center_y], [0, 0, 1]])


dst=np.zeros(img.shape, dtype=np.uint8)

for y in range(height-1):
        for x in range(width-1):

                # backward mapping
                # 결과 이미지의 픽셀 new_p로 이동하는 입력 이미지의
                # 픽셀 old_p의 위치를 계산합니다.
                new_p=np.array([x, y, 1])
                inv_rotation_matrix=np.linalg.inv(rotation_matrix)
                old_p=np.dot(inv_rotation_matrix, new_p)

                # new_p 위치에 계산하여 얻은 old_p 픽셀의 값을 대입합니다.
                x_,y_=old_p[:2]
                x_=int(x_)
                y_=int(y_)
```

파이썬과 NumPy로 배우는 선형대수

```
            if x_ > 0 and x_ < width and y_ > 0 and y_ < height:
                    dst[y, x]=img[y_, x_]


result=cv2.hconcat([img, dst])
cv2.imshow("result", result)
cv2.waitKey(0)
```

OpenCV의 getRotationMatrix2D 함수에 이미지 회전의 중심이 될 좌표를 입력하여 회전 변환 행렬을 생성할 수 있습니다. 여기에서는 이미지 중앙 좌표를 사용합니다.

```
import cv2
import numpy as np


img=cv2.imread('image.jpg', cv2.IMREAD_COLOR)
height,width=img.shape[:2]

angle=45
c=np.cos(angle*np.pi/180)
s=np.sin(angle*np.pi/180)
center_x=width/2
center_y=height/2

# 좌표 (center_x, center_y)를 중심으로 angle만큼 회전하는 회전 변환 행렬을
생성합니다.
rotation_matrix=cv2.getRotationMatrix2D((center_x, center_y), angle, 1)

# 이미지에 회전 변환 행렬을 적용합니다.
dst=cv2.warpAffine(img, rotation_matrix, (width, height))

result=cv2.hconcat([img, dst])
cv2.imshow("result", result)
cv2.waitKey(0)
```

4.3 확대/축소

객체의 크기를 '확대/축소(Scaling)'하는 변환입니다. 원점을 기준으로 점 (x, y)를 x 방향으로 S_x배, y 방향으로 S_y배 크기를 바꾸어 점 (x', y')로 이동시키는 변환을 다음과 같이 나타냅니다.

$$x' = S_x \times x$$
$$y' = S_y \times y$$

식을 행렬로 바꾸면 다음과 같습니다.

$$\begin{bmatrix} x' \\ y' \end{bmatrix} = \begin{bmatrix} s_x & 0 \\ 0 & s_y \end{bmatrix} \begin{bmatrix} x \\ y \end{bmatrix}$$

동치 좌표를 사용하면 다음과 같이 나타낼 수 있습니다. 좌표 (x, y) 대신에 좌표 $(x, y, 1)$을 사용합니다.

$$\begin{bmatrix} x' \\ y' \\ 1 \end{bmatrix} = \begin{bmatrix} s_x & 0 & 0 \\ 0 & s_y & 0 \\ 0 & 0 & 1 \end{bmatrix} \begin{bmatrix} x \\ y \\ 1 \end{bmatrix}$$

예를 들어, 점 (2, 3)는 x 방향으로 2배, y 방향으로 2배 변환해주면 점 (4, 6)으로 이동합니다. 그림으로 표현하면 [그림 4-8]과 같습니다.

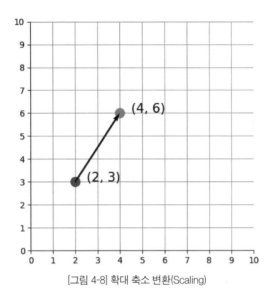

[그림 4-8] 확대 축소 변환(Scaling)

이때 사용한 변환 행렬은 다음과 같습니다.

$$\begin{bmatrix} 2 & 0 & 0 \\ 0 & 2 & 0 \\ 0 & 0 & 1 \end{bmatrix}$$

점 (2, 3)을 대입하여 계산해보면 점 (4, 6)으로 이동했음을 확인할 수 있습니다.

$$\begin{bmatrix} 2 & 0 & 0 \\ 0 & 2 & 0 \\ 0 & 0 & 1 \end{bmatrix} \begin{bmatrix} 2 \\ 3 \\ 1 \end{bmatrix} = \begin{bmatrix} 4 \\ 6 \\ 1 \end{bmatrix}$$

이미지에 축소 변환을 적용해보면 원점을 기준으로 축소되는 것을 볼 수 있습니다.

[그림 4-9] 이미지에 적용한 축소 변환

넘파이로 구현한 코드는 다음과 같습니다.

```
import cv2
import numpy as np


img=cv2.imread('image.jpg', cv2.IMREAD_COLOR)
height,width=img.shape[:2]


# 0.5배 축소하는 변환 행렬을 생성합니다.
scale_factor=0.5
scaling_matrix=np.array([[scale_factor, 0, 0], [0, scale_factor, 0], [0, 0, 1]])


dst=np.zeros((height, width, img.shape[2]) , dtype=np.uint8)
```

파이썬과 NumPy로 배우는 선형대수

```
for y in range(height):
        for x in range(width):

                new_p=np.array([x, y, 1])
                inv_scaling_matrix=np.linalg.inv(scaling_matrix)
                old_p=np.dot(inv_scaling_matrix, new_p)

                x_,y_=old_p[:2]
                x_=int(x_)
                y_=int(y_)

                # 입력 이미지의 좌표 (x, y)에 있는 픽셀의 Blue, Green, Red 채널을
                  결과 이미지에 저장합니다.
                # 주어진 좌표의 픽셀값을 가져오는 itemset 메소드에서는 (x, y) 대신에
                  (y, x)를 사용합니다.
                if x_ > 0 and x_ < width and y_ > 0 and y_ < height:
                        dst.itemset((y, x, 0), img.item(y_, x_, 0)) # blue 채널
                        dst.itemset((y, x, 1), img.item(y_, x_, 1)) # green 채널
                        dst.itemset((y, x, 2), img.item(y_, x_, 2)) # red 채널

cv2.imshow("result", dst)
cv2.waitKey(0)
```

이미지 확대 시 검은색으로 보이는 빈 픽셀이 발생하고 이미지 축소 시에는 여러 픽셀이 한 픽셀에 매핑되는 상황이 발생합니다. 앞에서 소개한 backward mapping을 사용했기 때문에 빈 픽셀은 발생하지 않지만, 한 픽셀에 여러 픽셀이 매핑되는 상황이 발생할 수 있습니다. Bilinear interpolation 보간법을 사용하여 해결합니다. 주위에 있는 4개의 픽셀 값을 사용하여 현재 픽셀의 값을 결정하는 방법입니다.

다음 식을 사용하여 구현했습니다. 주변 픽셀 $Q_{11}, Q_{12}, Q_{21}, Q_{22}$ 을 사용하여 점 P의 픽셀 값을 정합니다.

$$f(x,y) = \frac{1}{(x_2 - x_1)(y_2 - y_1)} (f(Q_{11})(x_2 - x)(y_2 - y) + f(Q_{21})(x - x_1)(y_2 - y) + f(Q_{12})(x_2 - x)(y - y_1) + f(Q_{22})(x - x_1)(y - y_1))$$

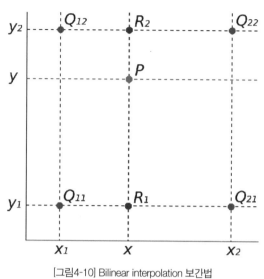

[그림4-10] Bilinear interpolation 보간법

추가로 결과 이미지 크기에 맞추어 넘파이 배열 크기가 조정되도록 바꾸었습니다.

[그림 4-11] 보간법 적용

넘파이를 사용하여 구현한 코드입니다.

파이썬과 NumPy로 배우는 선형대수

```
import cv2
import numpy as np


# (x,y)에 있는 픽셀을 위해 보간법을 적용하는 함수입니다.
def BilinearInterpolation(Q11, Q12, Q21, Q22, x1, x2, y1, y2, x, y):

        P=1/((x2-x1)*(y2-y1))*(Q11*(x2-x)*(y2-y)+Q21*(x-x1)*(y2-y)+Q12*(x2-x)*(y-y1)*Q22*(x-x1)*(y-y1))

        return P


img=cv2.imread('image.jpg', cv2.IMREAD_COLOR)
height,width=img.shape[:2]


# 0.5배 축소하는 변환 행렬을 생성합니다.
scale_factor=0.5
new_width=int(width*scale_factor)
new_height=int(height*scale_factor)
scaling_matrix=np.array([[scale_factor, 0, 0], [0, scale_factor, 0], [0, 0, 1]])


# backward mapping을 사용하여 축소 변환 행렬 scaling_matrix을 이미지에 적용합니다.
dst=np.zeros((new_height, new_width, img.shape[2]) , dtype=np.uint8)

for y in range(new_height):
        for x in range(new_width):

                new_p=np.array([x, y, 1])
                inv_scaling_matrix=np.linalg.inv(scaling_matrix)
                old_p=np.dot(inv_scaling_matrix, new_p)

                x_,y_=old_p[:2]
                x_=int(x_)
                y_=int(y_)

                dst.itemset((y, x, 0), img.item(y_, x_, 0))
                dst.itemset((y, x, 1), img.item(y_, x_, 1))
                dst.itemset((y, x, 2), img.item(y_, x_, 2))
```

```
# 보간법을 적용합니다.
dst2=np.zeros((new_height, new_width, img.shape[2]) , dtype=np.uint8)

for y in range(new_height-1):
        for x in range(new_width-1):

                q11=dst[y-1, x-1]
                q12=dst[y+1, x-1]
                q21=dst[y+1, x+1]
                q22=dst[y-1, x+1]

                if dst[y, x].all() == 0:
                        p=BilinearInterpolation(q11, q12, q21, q22, x-1, x+1, y-1, y+1, x, y);

                else:
                        p=dst[y, x]

                dst2.itemset(y, x, 0, p[0])
                dst2.itemset(y, x, 1, p[1])
                dst2.itemset(y, x, 2, p[2])


cv2.imshow("result", dst2)
cv2.waitKey(0)
```

OpenCV에서는 확대 축소 변환을 위해 resize 함수를 제공합니다.

```
import cv2
import numpy as np


img=cv2.imread('image.jpg', cv2.IMREAD_COLOR)
height,width=img.shape[:2]
```

파이썬과 NumPy로 배우는 선형대수

```
# 이미지를 1.5배 확대합니다.
dst=cv2.resize(img, (int(width*1.5), int(height*1.5)));

cv2.imshow("result", dst)
cv2.waitKey(0)
```

4.4 결합된 변환

앞에서 살펴본 변환을 결합하여 '결합된 변환(Composition Transformation)'으로
사용할 수 있습니다. 다음과 같이 좌표 (x, y)에 다수의 변환 행렬을 행렬곱으로
적용할 수 있습니다. 변환 행렬을 적용하는 순서는 M_1, M_2, M_3입니다.

$$\begin{bmatrix} x' \\ y' \\ 1 \end{bmatrix} = M_3 M_2 M_1 \begin{bmatrix} x \\ y \\ 1 \end{bmatrix}$$

다음과 같이 미리 다수의 변환 행렬을 결합시켜 놓은 후, 한 번에 적용할 수도 있습
니다.

$$X = M_3 M_2 M_1$$

$$\begin{bmatrix} x' \\ y' \\ 1 \end{bmatrix} = X \begin{bmatrix} x \\ y \\ 1 \end{bmatrix}$$

이미지의 너비와 높이를 절반으로 줄인 후, 이미지를 중앙으로 이동시키기 위해
너비와 높이의 0.25배만큼 이동시킨 다음, 45도 회전시키는 변환을 적용해보겠습
니다. 우선 먼저 적용하기 원하는 순으로 축소 변환 행렬 S, 이동 변환 행렬 T, 회전
변환 행렬 R을 곱해줍니다.

$$\begin{bmatrix} cos\theta & sin\theta & (1-cos\theta)center\_x - sin\theta center\_y \\ -sin\theta & cos\theta & sin\theta center\_x + (1-cos\theta)center\_y \\ 0 & 0 & 1 \end{bmatrix}\begin{bmatrix} 1 & 0 & width*0.25 \\ 0 & 1 & height*0.25 \\ 0 & 0 & 1 \end{bmatrix}\begin{bmatrix} 0.5 & 0 & 0 \\ 0 & 0.5 & 0 \\ 0 & 0 & 1 \end{bmatrix}$$

좌표에 적용할 때도 같은 순서로 진행됩니다.

$$\begin{bmatrix} x' \\ y' \\ 1 \end{bmatrix} = RTS \begin{bmatrix} x \\ y \\ 1 \end{bmatrix}$$

이미지에 적용해보면 [그림 4-12]처럼 이미지 크기가 0.25배로 줄어든 후, 이미지 중심으로 이동하고 45도 반시계 방향으로 회전합니다.

[그림 4-12] 변환 결합

넘파이로 구현한 코드입니다.

```python
import cv2
import numpy as np


img=cv2.imread('image.jpg', cv2.IMREAD_COLOR)
height,width=img.shape[:2]


scale_factor=0.5
scaling_matrix=np.array([[scale_factor, 0, 0], [0, scale_factor, 0], [0, 0, 1]])
translation_matrix=np.array([[1, 0, width/4], [0, 1, height/4], [0, 0, 1]])
angle=45
radian=angle*np.pi/180
c=np.cos(radian)
s=np.sin(radian)
center_x=width / 2
center_y=height / 2
rotation_matrix=np.array([[c, s, (1-c)*center_x-s*center_y], [-s, c, s*center_x+(1-c)*center_y], [0, 0, 1]])

# 정해진 순서대로 변환 행렬을 곱하여 하나의 행렬을 생성합니다.
T=np.eye(3)
T=np.dot(scaling_matrix, T)
T=np.dot(translation_matrix, T)
T=np.dot(rotation_matrix, T)

dst=np.zeros((height, width, img.shape[2]) , dtype=np.uint8)

for y in range(height):
        for x in range(width):

                # 미리 구해 놓은 변환행렬을 행렬곱 한 번으로 적용합니다.
                # 여기에서도 backward mapping을 사용합니다.
                new_p=np.array([x, y, 1])
                inv_scaling_matrix=np.linalg.inv(T)
                old_p=np.dot(inv_scaling_matrix, new_p)
```

```
            x_,y_=old_p[:2]
            x_=int(x_)
            y_=int(y_)

            if x_ > 0 and x_ < width and y_ > 0 and y_ < height:
                    dst.itemset((y, x, 0), img.item(y_, x_, 0))
                    dst.itemset((y, x, 1), img.item(y_, x_, 1))
                    dst.itemset((y, x, 2), img.item(y_, x_, 2))

cv2.imshow("result", dst)
cv2.waitKey(0)
```

파이썬과 NumPy로 배우는 선형대수

$$\|u\| = \sqrt{u \cdot u} = \sqrt{\sum_{i=1}^{n} u_i^2}\ \%_0$$

$$\Leftrightarrow \sum \quad n_l$$

$$W_{ij}^{(l)} - \alpha \frac{\partial}{\partial W_{ij}^{(l)}} J(W, b)$$

$$\frac{1}{m} \sum_{i=1}^{m} \left(\frac{1}{2} \|y^{(i)} - h_{W,b}(x^{(i)})\|^2 \right)$$

$$\delta_i^{(l)} = \frac{\partial}{\partial z_i^{(l)}} J(W, b; x, y)$$

예제 2: Planar Rectification

5.1 호모그래피 행렬 구하기

'Planar Rectification'은 투시 투영 또는 원근법이 적용된 사진에 있는 특정 평면을 정면에서 바라본 평면으로 변환하는 것입니다. [그림 5-1]처럼 평행사변형으로 왜곡되어 있는 사각 영역을 직사각형 영역으로 변환합니다.

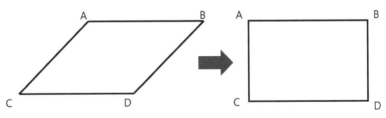

[그림 5-1] Planar Rectification

[그림 5-2]의 왼쪽에서 원으로 표시한 네 점과 오른쪽에서 원으로 표시한 네 점 사이의 관계를 나타내는 행렬이 호모그래피(Homography)행렬 H입니다. Planar Rectification을 구할 시에는 원본 그림의 네 점과 정면에서 바라본 평면의 모양을 네 점으로부터 구한 호모그래피 행렬을 먼저 구한 후, 호모그래피 행렬을 사용하

여 픽셀의 좌표를 변환합니다.

[그림 5-2] Homography

호모그래피는 두 평면 사이의 변환과 관련이 있습니다. 다음 식은 원근법이 적용된 사진 속의 점 x_i과 정면에서 찍은 사진 속 점 x_i' 사이의 관계를 행렬로 나타낸 것입니다. 4개의 대응점 $(x,y) \leftrightarrow (x',y')$이 주어질 때, $x_i' = Hx_i$를 만족하는 행렬 H를 구할 수 있습니다.

$$\begin{bmatrix} x' \\ y' \\ 1 \end{bmatrix} = \begin{bmatrix} h_{11} & h_{12} & h_{13} \\ h_{21} & h_{22} & h_{23} \\ h_{31} & h_{32} & h_{33} \end{bmatrix} \begin{bmatrix} x \\ y \\ 1 \end{bmatrix}$$

하나의 대응점에 대한 관계식을 다음과 같이 풀어 적을 수 있습니다.

$$\begin{bmatrix} x' \\ y' \\ 1 \end{bmatrix} = \begin{bmatrix} h_{11} & h_{12} & h_{13} \\ h_{21} & h_{22} & h_{23} \\ h_{31} & h_{32} & h_{33} \end{bmatrix} \begin{bmatrix} x \\ y \\ 1 \end{bmatrix}$$

$$\begin{bmatrix} x' \\ y' \\ 1 \end{bmatrix} = \begin{bmatrix} h_{11}x + h_{12}y + h_{13} \\ h_{21}x + h_{22}y + h_{23} \\ h_{31}x + h_{32}y + h_{33} \end{bmatrix}$$

위 식에서 x'와 y'를 구할 수 있습니다.

$$x' = \frac{h_{11}x + h_{12}y + h_{13}}{h_{31}x + h_{32}y + h_{33}}$$

$$y' = \frac{h_{21}x + h_{22}y + h_{23}}{h_{31}x + h_{32}y + h_{33}}$$

h_{ij}에 대하여 정리합니다.

$$x'(h_{31}x + h_{32}y + h_{33}) = h_{11}x + h_{12}y + h_{13}$$

$$y'(h_{31}x + h_{32}y + h_{33}) = h_{21}x + h_{22}y + h_{23}$$

$$-h_{11}x - h_{12}y - h_{13} + x'(h_{31}x + h_{32}y + h_{33}) = 0$$

$$-h_{21}x - h_{22}y - h_{23} + y'(h_{31}x + h_{32}y + h_{33}) = 0$$

$$\begin{bmatrix} -x & -y & -1 & 0 & 0 & 0 & xx' & yx' & x' \\ 0 & 0 & 0 & -x & -y & -1 & xy' & yy' & y' \end{bmatrix} \begin{bmatrix} h_{11} \\ h_{12} \\ h_{13} \\ h_{21} \\ h_{22} \\ h_{23} \\ h_{31} \\ h_{32} \\ h_{33} \end{bmatrix} = 0$$

4개의 대응점에 대한 식을 사용하면 호모그래피 행렬을 구할 수 있습니다. 이를
위해 4개 대응점에 대한 관계식을 다음과 같이 모아야 합니다.

$$\begin{bmatrix} -x_1 & -y_1 & -1 & 0 & 0 & 0 & x_1x_1' & y_1x_1' & x_1' \\ 0 & 0 & 0 & -x_1 & -y_1 & -1 & x_1y_1' & y_1y_1' & y_1' \\ -x_2 & -y_2 & -1 & 0 & 0 & 0 & x_2x_2' & y_2x_2' & x_2' \\ 0 & 0 & 0 & -x_2 & -y_2 & -1 & x_2y_2' & y_2y_2' & y_2' \\ -x_3 & -y_3 & -1 & 0 & 0 & 0 & x_3x_3' & y_3x_3' & x_3' \\ 0 & 0 & 0 & -x_3 & -y_3 & -1 & x_3y_3' & y_3y_3' & y_3' \\ -x_4 & -y_4 & -1 & 0 & 0 & 0 & x_4x_4' & y_4x_4' & x_4' \\ 0 & 0 & 0 & -x_4 & -y_4 & -1 & x_4y_4' & y_4y_4' & y_4' \end{bmatrix} \begin{bmatrix} h_{11} \\ h_{12} \\ h_{13} \\ h_{21} \\ h_{22} \\ h_{23} \\ h_{31} \\ h_{32} \\ h_{33} \end{bmatrix} = 0$$

다음과 같이 간단히 표현할 수 있습니다.

$$\mathbf{AH} = \mathbf{0}$$

행렬 H를 구하려면 'SVD(singular value Decomposition)'를 사용하여 행렬 A를 분해해야 합니다.

$$\mathbf{UD}V^T = \mathbf{A}$$

행렬 V의 마지막 열벡터를 사용하여 행렬 H를 구성합니다. 이때 열벡터의 마지막 값으로 행렬 H의 전체 원소를 나눠줘야 합니다.

$$\mathbf{V} = \begin{bmatrix} v_{11} & v_{12} & & v_{19} \\ v_{21} & v_{22} & & v_{29} \\ v_{31} & v_{32} & & v_{39} \\ v_{41} & v_{42} & & v_{49} \\ v_{51} & v_{52} & \cdots & v_{59} \\ v_{61} & v_{62} & & v_{69} \\ v_{71} & v_{72} & & v_{79} \\ v_{81} & v_{82} & & v_{89} \\ v_{91} & v_{92} & & v_{99} \end{bmatrix}$$

$$\mathbf{H} = \begin{bmatrix} v_{19} & v_{29} & v_{39} \\ v_{49} & v_{59} & v_{69} \\ v_{79} & v_{89} & v_{99} \end{bmatrix}$$

5.2 Planar Rectification 구현하기

입력 이미지의 픽셀 좌표에 호모그래피 행렬을 곱하여 'Planar Rectification'를 구현합니다. [그림 5-3]은 forward mapping을 적용한 결과입니다. 입력 이미지의 픽셀 좌표에 호모그래피 행렬을 곱하여 결과 이미지의 픽셀 좌표를 구합니다. forward mapping을 사용하면 매핑이 되지 못한 빈 공간이 생겨서 결과 이미지에 검은색 픽셀들이 생깁니다.

파이썬과 NumPy로 배우는 선형대수

$$P_{new} = HP_{old}$$

[그림 5-3] forward mapping 문제점

넘파이로 구현한 코드입니다. 실행 시 주의할 점은 왼쪽 위, 오른쪽 위, 왼쪽 아래, 오른쪽 아래 순으로 직사각형 영역을 클릭해야 한다는 점입니다. 네 점을 클릭하고 잠시 기다리면 결과 이미지가 나타납니다.

```python
import cv2
import numpy as np


# 클릭한 횟수를 저장합니다.
count_mouse_click=0

# 호모그래피 행렬을 곱해서 결과를 계산 중이면 1을 갖게 됩니다.
# 계산 중에 마우스 클릭은 무시하기 위해서 사용됩니다.
caculate_start=0

# 마우스 클릭한 위치를 저장할 리스트입니다.
pointX=[]
pointY=[]


# OpenCV 창에 보이는 이미지를 클릭 시, 클릭한 위치(x, y)를 파라미터로 호출하는 콜백 함수입니다.
def CallBackFunc(event, x, y, flags, userdata):
    global count_mouse_click, caculate_start

        # 마우스 왼쪽 버튼을 클릭했는지 체크합니다.
```

```python
if event == cv2.EVENT_LBUTTONDOWN:
    print("{}-({}, {} )".format(count_mouse_click, x, y))

    # 마우스 클릭한 위치를 저장합니다.
    pointX.append(x)
    pointY.append(y)

    # 마우스 클릭한 횟수를 업데이트합니다.
    count_mouse_click += 1

    # 마우스 클릭한 위치를 화면에 보여줄 때 사용하기 위해 입력 이미지를 복사합니다.
    img_temp=img_gray.copy()

    # 마우스 클릭한 위치에 원을 그립니다.
    for point in zip(pointX, pointY):
        cv2.circle(img_temp, point, 5, (0), 2)

    # 마우스 클릭할때마다 원이 이미지에 나타납니다.
    cv2.imshow("gray image", img_temp)


# 네 점을 모두 클릭한 상태이고 아직 결과 이미지를 처리하기 전이면
if count_mouse_click == 4 and caculate_start == 0:

    # 이제 결과 이미지 처리 중임을 알립니다.
    caculate_start=1;

    print("calculate H")

    # 클릭한 사각 영역 좌표를 기반으로 정면에서 바라본 직사각형 영역을 계산합니다.
    width=((pointX[1]-pointX[0])+(pointX[3]-pointX[2]))*0.5;
    height=((pointY[2]-pointY[0])+(pointY[3]-pointY[1]))*0.5;

    newpointX=np.array([pointX[3]-width, pointX[3], pointX[3]-width, pointX[3]])
    newpointY=np.array([pointY[3]-height, pointY[3]-height, pointY[3], pointY[3]])

    # 계산한 직사각형 영역을 화면에 출력합니다.
    for i in range(4):
        print("({}, {})".format(newpointX[i], newpointY[i]))
```

파이썬과 NumPy로 배우는 선형대수

```python
# 마우스로 클릭한 좌표와 계산된 좌표를 넘파이 배열로 변환합니다.
pts_src=[]
pts_dst=[]

for i in range(4):
    pts_src.append((pointX[i], pointY[i]))
    pts_dst.append((newpointX[i], newpointY[i]))

pts_src=np.array(pts_src)
pts_dst=np.array(pts_dst)


# 호모그래피 행렬을 구합니다.
A=np.array([
    [ -1 * pointX[0], -1 * pointY[0], -1, 0, 0, 0,     pointX[0] * newpointX[0], pointY[0] * newpointX[0], newpointX[0] ],
    [ 0, 0, 0, -1 * pointX[0], -1 * pointY[0], -1,   pointX[0] * newpointY[0], pointY[0] * newpointY[0], newpointY[0] ],
    [ -1 * pointX[1], -1 * pointY[1], -1, 0, 0, 0,pointX[1] * newpointX[1], pointY[1] * newpointX[1], newpointX[1] ],
    [ 0, 0, 0, -1 * pointX[1], -1 * pointY[1], -1,pointX[1] * newpointY[1], pointY[1] * newpointY[1], newpointY[1] ],
    [ -1 * pointX[2], -1 * pointY[2], -1, 0, 0, 0,pointX[2] * newpointX[2], pointY[2] * newpointX[2], newpointX[2] ],
    [ 0, 0, 0, -1 * pointX[2], -1 * pointY[2], -1,pointX[2] * newpointY[2], pointY[2] * newpointY[2], newpointY[2] ],
    [ -1 * pointX[3], -1 * pointY[3], -1, 0, 0, 0,pointX[3] * newpointX[3], pointY[3] * newpointX[3], newpointX[3] ],
    [ 0, 0, 0, -1 * pointX[3], -1 * pointY[3], -1,pointX[3] * newpointY[3], pointY[3] * newpointY[3], newpointY[3] ]])


u, s, v=np.linalg.svd(A, full_matrices=True)
v=v.T

# v의 마지막 컬럼 값을 H로 취합니다.
temp=v[:,8]
h=temp.reshape(3,3)

# h_33을 1로 만듭니다.
h=h / h[2,2]


img_result=np.zeros(img_gray.shape, dtype=np.uint8)

height, width=img_gray.shape[:2]
for y in range(height):
    for x in range(width):
```

```
            oldpoint=np.array([x, y, 1])
            newpoint=np.dot(h, oldpoint)

            newX=int(newpoint[0]/newpoint[2])
            newY=int(newpoint[1]/newpoint[2])

            if newX > 0 and newY > 0 and newX < width and newY < height:
                img_result.itemset(newY, newX, img_gray.item(y, x))

    result=cv2.hconcat([img_gray, img_result])
    cv2.imshow("result", result)
    cv2.waitKey(0)

# 호모그래피 행렬을 저장할 입력 이미지를 로드합니다.
img_gray=cv2.imread("keyboard.jpg", cv2.IMREAD_GRAYSCALE)

# 타이틀 바에 "gray image"를 출력하는 창에 넘파이 배열 img_gray를 보여줍니다.
cv2.imshow("gray image", img_gray)

# 타이틀 바에 "gray image"를 출력하는 창을 위해 마우스 콜백 함수를 지정합니다.
cv2.setMouseCallback("gray image", CallBackFunc)

print("left up, right up, left down, right down")

cv2.waitKey(0)
```

빈 공백이 생기는 문제를 해결하려면 backward mapping을 적용해주어야 합니다. 결과 이미지의 좌표를 입력으로 사용하여 대응하는 원본 이미지상의 좌표를 구합니다. 이미지에 적용해보면 [그림 5-4]처럼 빈 공간이 없이 결과 이미지의 픽셀이 채워집니다.

$$P_{old} = H^{-1}P_{new}$$

[그림 5-4] backward mapping

넘파이로 구현한 코드입니다. 실행 시 주의할 점은 왼쪽 위, 오른쪽 위, 왼쪽 아래, 오른쪽 아래 순으로 직사각형 영역의 꼭지점을 클릭해야 한다는 점입니다. 네 점을 클릭하고 잠시 기다리면 결과 이미지가 나타납니다. 코드에서 굵은 글씨로 나타낸 부분이 backward mapping을 위해 바꾼 부분입니다.

```python
import cv2
import numpy as np


# 클릭한 횟수를 저장합니다.
count_mouse_click=0

# 호모그래피 행렬을 곱해서 결과를 계산 중이면 1을 갖게됩니다.
# 계산 중에 마우스 클릭은 무시하기 위해서 사용됩니다.
caculate_start=0

# 마우스 클릭한 위치를 저장할 리스트입니다.
pointX=[]
pointY=[]


# OpenCV 창에 보이는 이미지를 클릭시, 클릭한 위치(x, y)를 파라미터로 호출하는 콜백함수입니다.
def CallBackFunc(event, x, y, flags, userdata):
    global count_mouse_click, caculate_start

    # 마우스 왼쪽 버튼을 클릭했는지 체크합니다.
    if event == cv2.EVENT_LBUTTONDOWN:
```

```python
    print("{}-({}, {} )".format(count_mouse_click, x, y))

    # 마우스 클릭한 위치를 저장합니다.
    pointX.append(x)
    pointY.append(y)

    # 마우스 클릭한 횟수를 업데이트합니다.
    count_mouse_click += 1

    # 마우스 클릭한 위치를 화면에 보여줄 때 사용하기 위해 입력 이미지를 복사합니다.
    img_temp=img_gray.copy()

    # 마우스 클릭한 위치에 원을 그립니다.
    for point in zip(pointX, pointY):
        cv2.circle(img_temp, point, 5, (0), 2)

    # 마우스 클릭할 때마다 원이 이미지에 나타납니다.
    cv2.imshow("gray image", img_temp)


# 네 점을 모두 클릭한 상태이고 아직 결과 이미지를 처리하기 전이면
if count_mouse_click == 4 and caculate_start == 0:

    # 이제 결과 이미지 처리 중임을 알립니다.
    caculate_start=1;

    print("calculate H")

    # 클릭한 사각 영역 좌표를 기반으로 정면에서 바라본 직사각형 영역을 계산합니다.
    width=((pointX[1]-pointX[0])+(pointX[3]-pointX[2]))*0.5;
    height=((pointY[2]-pointY[0])+(pointY[3]-pointY[1]))*0.5;

    newpointX=np.array([pointX[3]-width, pointX[3], pointX[3]-width, pointX[3]])
    newpointY=np.array([pointY[3]-height, pointY[3]-height, pointY[3], pointY[3]])

    # 계산한 직사각형 영역을 화면에 출력합니다.
    for i in range(4):
        print("({}, {})".format(newpointX[i], newpointY[i]))
```

파이썬과 NumPy로 배우는 선형대수

```python
# 마우스로 클릭한 좌표와 계산된 좌표를 넘파이 배열로 변환합니다.
pts_src=[]
pts_dst=[]

for i in range(4):
    pts_src.append((pointX[i], pointY[i]))
    pts_dst.append((newpointX[i], newpointY[i]))

pts_src=np.array(pts_src)
pts_dst=np.array(pts_dst)


# 호모그래피 행렬을 구합니다.
A=np.array([
    [ -1 * pointX[0], -1 * pointY[0], -1, 0, 0, 0,     pointX[0] * newpointX[0], pointY[0] * newpointX[0], newpointX[0] ],
    [ 0, 0, 0, -1 * pointX[0], -1 * pointY[0], -1,   pointX[0] * newpointY[0], pointY[0] * newpointY[0], newpointY[0] ],
    [ -1 * pointX[1], -1 * pointY[1], -1, 0, 0, 0,pointX[1] * newpointX[1], pointY[1] * newpointX[1], newpointX[1] ],
    [ 0, 0, 0, -1 * pointX[1], -1 * pointY[1], -1,pointX[1] * newpointY[1], pointY[1] * newpointY[1], newpointY[1] ],
    [ -1 * pointX[2], -1 * pointY[2], -1, 0, 0, 0,pointX[2] * newpointX[2], pointY[2] * newpointX[2], newpointX[2] ],
    [ 0, 0, 0, -1 * pointX[2], -1 * pointY[2], -1,pointX[2] * newpointY[2], pointY[2] * newpointY[2], newpointY[2] ],
    [ -1 * pointX[3], -1 * pointY[3], -1, 0, 0, 0,pointX[3] * newpointX[3], pointY[3] * newpointX[3], newpointX[3] ],
    [ 0, 0, 0, -1 * pointX[3], -1 * pointY[3], -1,pointX[3] * newpointY[3], pointY[3] * newpointY[3], newpointY[3] ]])


u, s, v=np.linalg.svd(A, full_matrices=True)
v=v.T

# v의 마지막 컬럼 값을 H로 취합니다.
temp=v[:,8]
h=temp.reshape(3,3)

# h_33을 1로 만듭니다.
h=h / h[2,2]


img_result=np.zeros(img_gray.shape, dtype=np.uint8)

inv_h=np.linalg.inv(h)


height, width=img_gray.shape[:2]
```

```
        for y in range(height):
            for x in range(width):

                # 변환 후 좌표를 기준으로 원본 이미지상의 좌표 계산
                newpoint=np.array([x, y, 1])
                oldpoint=np.dot(inv_h, newpoint)

                oldX=int(oldpoint[0]/oldpoint[2])
                oldY=int(oldpoint[1]/oldpoint[2])

                # 원본 이미지의 좌표상의 픽셀을 현재 위치로 가져옴
                if oldX > 0 and oldY > 0 and oldX < width and oldY < height:
                    img_result.itemset(y, x, img_gray.item(oldY, oldX))


        result=cv2.hconcat([img_gray, img_result])
        cv2.imshow("result", result)
        cv2.waitKey(0)

# 호모그래피 행렬을 저장할 입력 이미지를 로드합니다.
img_gray=cv2.imread("keyboard.jpg", cv2.IMREAD_GRAYSCALE)

# 타이틀 바에 "gray image"를 출력하는 창에 넘파이 배열 img_gray를 보여줍니다.
cv2.imshow("gray image", img_gray)

# 타이틀 바에 "gray image"를 출력하는 창을 위해 마우스 콜백 함수를 지정합니다.
cv2.setMouseCallback("gray image", CallBackFunc)

print("left up, right up, left down, right down")


cv2.waitKey(0)
```

파이썬과 NumPy로 배우는 선형대수

α

$\|u\| = \sqrt{u \cdot u} = \sqrt{\sum_{i=1}^{n} u_i^2}$ ‰

$\Leftrightarrow \quad \sum \qquad n_l$

$\frac{1}{m} \sum_{i=1}^{m} \left(\frac{1}{2} \|y^{(i)} - h_{w,b}(x^{(i)})\|^2 \right)$

$W_{ij}^{(l)} - \alpha \frac{\partial}{\partial W_{ij}^{(l)}} J(W, b)$

l

Chapter

6

$\delta_i^{(l)} = \frac{\partial}{\partial z_i^{(l)}} J(W, b; x, y)$

· · · · · · ·

예제 3: **인공 신경망**

6.1 인공 신경망 구조

'인공 신경망(ANN, Artificial Neurol Network)'은 생물학적 신경망의 구조와 기능을 모방하여 소프트웨어로 구현한 것입니다. 생물학적 신경망의 기본 단위는 뉴런(neuron)으로 수백만 개가 상호 연결되어 거대한 신경망을 구성합니다. 이를 모방하여 뉴런 역할을 하는 '인공 뉴런(artificial neuron)'을 서로 연결한 인공 신경망을 만듭니다.

생물학적 뉴런은 시냅스(synapse)에 의해 이웃의 다른 뉴런과 연결되어 있으며, 일정 강도 이상의 화학적 또는 전기적 신호가 입력되면 뉴런이 활성화되어 연결되어 있는 이웃 뉴런에 신호를 전송합니다. 인공 뉴런도 이웃의 다른 인공 뉴런과 연결되어 있으며 인공 뉴런 사이의 연결마다 가중치가 부여됩니다. 인공 뉴런으로의 입력에 가중치(weight)를 곱하여 모두 더한 결과가 일정 크기 이상이면 이웃의 다른 인공 뉴런에 의미 있는 값을 전달합니다. 이웃 뉴런에게 값을 전달할지 여부를 결정하는 것을 비선형 함수인 '활성화 함수(activation function)'가 하게 됩니다.

6.2 인공 뉴런

인공 신경망의 기본 단위는 인공 뉴런으로, 노드(node)라고도 부릅니다. 이후 본
서에서는 노드를 인공 뉴런과 같은 의미로 사용합니다. 노드는 인접한 노드로부
터 입력을 받아 처리 후 결과를 다른 노드에게 전달하는 역할을 합니다. 인접한
노드들로부터 주어지는 입력은 중요도에 따라 가중치가 부여됩니다.

예를 들어, [그림 6-1]은 2개의 입력을 받는 노드입니다. x_1, x_2를 입력으로 받으며
각 입력에는 각각 W_1, W_2의 **가중치(weight)**가 부여되어 있습니다. 추가로 가중치
b를 갖는 입력 1이 있습니다. **편향(bias)**이라고 부릅니다.

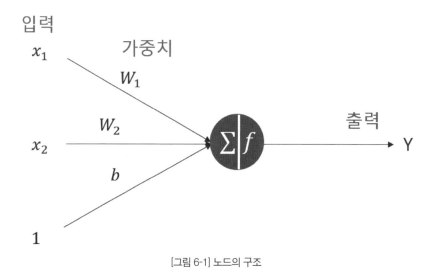

[그림 6-1] 노드의 구조

노드의 출력은 다음 식으로 계산됩니다. 함수 f는 비선형 함수로 '활성화 함수'라고 부
릅니다. 실세계의 데이터는 비선형이어서 이를 학습하기 위해서는 비선형 함수가 필
요합니다. 입력에 가중치를 곱한 후 모두 더한 결과에 활성화 함수를 적용하여 노드
의 출력이 결정됩니다. 활성화 함수가 다음 노드에 전달할 값의 크기를 결정합니다.

$$Y = f(W_1x_1 + W_2x_2 + b)$$

모든 활성화 함수는 하나의 숫자를 입력으로 받아 정의된 수학적 연산에 따라 결과를 내놓습니다. 본서에서는 활성화 함수로 '시그모이드'를 사용합니다. 시그모이드는 입력에 따라 0에서 1 사이의 숫자를 출력합니다. 자세한 내용은 뒤에서 다룹니다.

6.3 레이어

'레이어(layer)'는 노드들을 포함하며 서로 다른 특성을 갖는 레이어를 연결하여 신경망을 구성합니다. 본서에서 살펴볼 간단한 신경망은 [그림 6-2]처럼 3가지 타입의 레이어로 구성됩니다.

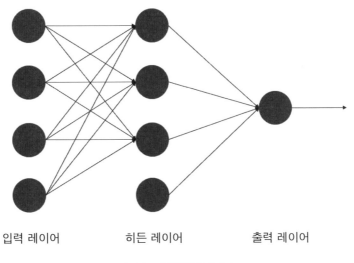

입력 레이어   히든 레이어   출력 레이어

[그림 6-2] 신경망의 레이어

- **입력 레이어(Input layer)**

입력 레이어의 목적은 신경망을 통해 학습시킬 대상을 설명하는 특징을 입력으로 받는 것입니다. 예를 들어, 붓꽃의 품종을 분류하기 위해 붓꽃의 꽃잎과 꽃받침의 폭과 길이를 입력으로 받습니다. 입력 레이어를 구성하는 노드의 개수는 대상을 설명하는 특징의 개수와 일치합니다. 붓꽃 분류 문제에서는 특징이 붓꽃의 꽃잎과 꽃받침의 폭과 길이이므로, 입력 레이어의 노드 개수는 4개입니다. 입력 레이어에 포함된 노드는 자신이 받은 입력을 수정 없이 그대로 히든 레이어에 전달합니다.

- **히든 레이어(Hidden Layer)**

신경망의 외부와 연결이 안 되어 있는 레이어입니다. 입력 레이어로부터 받은 데이터를 가지고 처리를 한 후, 출력 레이어에 전달합니다. 신경망은 다른 레이어와 달리 하나 이상의 히든 레이어를 가질 수 있습니다.

- **출력 레이어(Output layer)**

출력 레이어는 히든 레이어로부터 값을 전달받아 신경망의 주어진 입력에 대한 출력을 내놓습니다. 신경망의 출력과 주어진 기대 출력인 라벨과의 차이를 측정하여 전체 신경망의 가중치를 조정하는 데 사용합니다. 예를 들어, 붓꽃 분류에서는 입력으로 주어진 특성에 대해 기대되는 붓꽃 품종이 라벨로 주어집니다.

레이어에 포함된 노드는 인접한 레이어에 포함된 노드와 연결됩니다. 각 레이어는 하나 이상의 노드로 구성되며 노드는 [그림 6-2]처럼 원으로 나타냅니다. 각 레이어에 포함되어 있는 노드는 다른 레이어에 포함되어 있는 노드와 연결되어 있으며 [그림 6-2]처럼 연결을 선으로 나타냅니다. 히든 레이어의 각 노드는 입력 레이어의 노드와 연결되어 입력 레이어의 노드 출력을 입력으로 받으며, 히든 레이어의 각 노드는 출력 레이어의 노드와 연결되어 히든 레이어의 노드 출력을 출력 레이어 노드의 입력으로 제공합니다.

6.4 활성화 함수

활성화 함수는 노드로 들어오는 입력의 가중치 합이 일정 값 이상일 경우 노드 출력의 상태를 변경합니다. 본서에서 다루는 활성화 함수는 '시그모이드(Sigmoid) 함수'입니다. 다음 수식으로 나타냅니다.

$$f(z) = \frac{1}{1 + exp(-z)}$$

활성화 함수로는 비선형 함수를 사용합니다. 그래야만, 뉴럴 네크워크의 레이어를 쌓는 의미가 있기 때문입니다. 활성화 함수로 선형 함수를 사용하면 신경망의 레이어를 늘려도 하나의 레이어로 구성한 것과 차이가 없습니다. 왜냐하면 신경망의 출력이 입력의 상수배가 되기 때문입니다.

[그림 6-3]은 입력 x가 변할 때 시그모이드 함수의 출력이 어떻게 변하는지를 그린 것입니다. 입력 x가 0보다 커지면 시그모이드 함수의 출력 $f(x)$은 서서히 0에서 1로 바뀝니다. 시그모이드 함수의 출력 $f(x)$은 0에서 1 사이의 값을 가집니다.

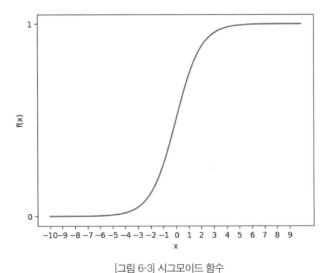

[그림 6-3] 시그모이드 함수

시그모이드 함수를 그리기 위해 사용한 코드입니다.

```
import numpy as np
import matplotlib.pylab as plt

fig=plt.figure()
ax=fig.add_subplot(1, 1, 1)

x=np.arange(-10, 10, 0.1)
f=1 / (1+np.exp(-x))

ax.plot(x, f)
ax.set_xticks(range(-10, 10))
ax.set_yticks(range(0, 2))
ax.set_xlabel('x')
ax.set_ylabel('f(x)')
plt.show()
```

파이썬과 NumPy로 배우는 선형대수

6.5 가중치

'가중치(weight)'는 신경망을 학습시키는 동안 값이 변하는 변수입니다. 입력과 함께 가중치는 노드의 출력을 결정합니다. [그림 6-4]는 2개의 입력이 있는 노드입니다. 각 입력에 가중치를 곱해서 노드의 입력으로 사용합니다. 가중치가 높은 쪽이 출력에 더 많은 영향을 줍니다.

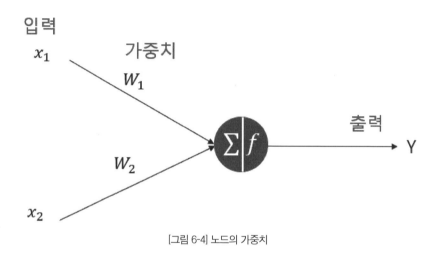

[그림 6-4] 노드의 가중치

6.6 편향

시그모이드 함수는 입력 x가 0일 때를 기준으로 노드의 출력이 변합니다. [그림 6-5]처럼 입력 x에 곱하는 가중치의 크기를 변경하더라도 항상 입력이 0일 때를 기준으로 출력이 0에서 1로 변합니다. 가중치 w만 가지고는 입력 x가 특정 값 이상으로 커질 때 출력 신호를 0에서 1로 바뀌게 할 수 없습니다.

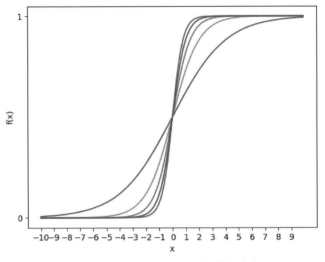

[그림 6-5] 가중치 조정 시 시그모이드 함수 변화

가중치 w가 바뀜에 따라 시그모이드 함수가 어떻게 변하는지를 그리는 코드입니다.

```
import numpy as np
import matplotlib.pylab as plt

fig=plt.figure()
ax=fig.add_subplot(1, 1, 1)
```

```
x=np.arange(-10, 10, 0.1)

# 가중치에 변화를 줍니다.
W=np.arange(0.5, 3, 0.5)

for w in W:
        # 입력 x에 가중치 w를 곱합니다.
        f=1 / (1+np.exp(-x*w))
        ax.plot(x, f)

ax.set_xticks(range(-10, 10))
ax.set_yticks(range(0, 2))
ax.set_xlabel('x')
ax.set_ylabel('f(x)')
plt.show()
```

편향(bias)을 추가하면 [그림 6-6]처럼 시그모이드 함수를 좌우로 이동시킬 수 있습니다. 즉 입력 x가 0이 아닌 곳에서 시그모이드 함수의 출력이 0에서 1로 변하도록 할 수 있습니다.

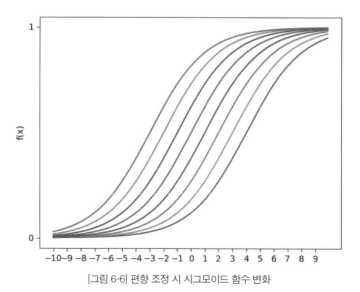

[그림 6-6] 편향 조정 시 시그모이드 함수 변화

편향을 바꾸면 시그모이드 함수가 어떻게 변하는지 그리는 코드입니다.

```python
import numpy as np
import matplotlib.pylab as plt

fig=plt.figure()
ax=fig.add_subplot(1, 1, 1)


x=np.arange(-10, 10, 0.1)

# 가중치는 고정시키고
w=0.5

# 편향에 변화를 줍니다.
B=np.arange(-2, 2, 0.5)

for b in B:
        # 입력 x에 가중치 w를 곱한 후 편향 b를 더합니다.
        f=1 / (1+np.exp(-(x*w+b)))
        ax.plot(x, f)


ax.set_xticks(range(-10, 10))
ax.set_yticks(range(0, 2))
ax.set_xlabel('x')
ax.set_ylabel('f(x)')
plt.show()
```

6.7 데이터 세트

모델 학습에 사용하는 데이터 묶음을 '데이터 세트(data set)'라고 합니다. 샘플
(sample 또는 example)은 데이터 세트에 포함되어 있는 데이터 하나로 모델의 입
력으로 사용되는 특성(feature)과, 특성을 모델 입력으로 사용할 때 예측되어야 하

파이썬과 NumPy로 배우는 선형대수

는 정답 또는 출력인 라벨(label)로 구성됩니다. 예를 들어, 붓꽃의 품종을 분류하는 데 사용하는 데이터 세트의 경우 붓꽃의 꽃받침의 길이와 너비, 꽃잎의 길이와 너비가 특성이며 주어진 특성으로부터 유추되는 것이 라벨입니다. 이 경우에는 라벨은 붓꽃의 품종입니다.

보통 데이터 세트는 학습 데이터 세트, 테스트 데이터 세트, 검증 데이터 세트로 구성됩니다.

- **학습 데이터 세트(train data set)**: 데이터 세트 중에 모델 학습에 사용되는 부분 집합입니다. 모델의 파라미터(신경망의 경우에는 가중치)를 조정하기 위해 학습하는 동안 사용됩니다.
- **테스터 데이터 세트(test data set)**: 데이터 세트 중에 학습이 완료된 모델을 테스트하기 위해 사용되는 부분 집합입니다. 모델 학습 시 테스트 세트를 사용하지 않도록 주의해야 합니다.
- **검증 데이터 세트(validation data set)**: 여러 모델 중 최적의 모델을 선택하기 위해 사용합니다.

본서에서는 학습 데이터 세트와 테스터 데이터 세트를 사용합니다.

6.8 _모델 학습_

모델에서 사용하는 데이터 세트에 라벨이 포함되어 있는지 여부에 따라 지도 학습과 비지도 학습으로 나누어집니다. '지도 학습(supervised learning)'은 모델의 입력으로 사용되는 특성과 특성으로부터 예측되어야 하는 라벨을 가지고 모델을 학습시키는 방법입니다. 학습 완료 후, 학습에서 사용하지 않은 특성을 모델의 입력으로 사용하더라도 올바른 예측을 할 수 있도록 합니다. '비지도 학습(unsupervised learning)'은 모델의 입력으로 사용하는 특성만 제공하는 경우입니다. 주어진 특성으로부터 의미있는 정보를 찾습니다. 본서에서 다루는 신경망은 지도 학습입니다.

6.9 신경망의 학습 메커니즘

신경망이 학습하는 방식은 [그림 6-7]과 같습니다. (A)학습 데이터 세트의 특징을 신경망에 입력으로 제공하여, (B)신경망의 예측을 얻은 후, (C)예측과 학습 데이터 세트의 라벨 차이로 손실을 계산합니다. 그리고 나서 (D)손실을 기반으로 신경망의 가중치 W, b를 업데이트합니다. 다시 학습 데이터 세트의 특징을 입력으로 사용하여 예측한 결과와 라벨의 차이로 손실을 계산하여 신경망의 가중치를 업데이트합니다. 이렇게 특징을 입력으로 사용하여 얻은 예측과 라벨의 차이를 가지고 가중치를 조정하는 것을 반복하여 신경망의 성능을 개선시키는 것을 '학습(learning)'이라고 합니다.

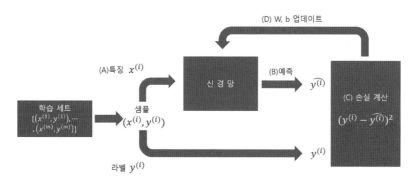

[그림 6-7] 신경망의 학습 메커니즘

6.10 신경망 표기법

신경망을 살펴보기 전에 본문에서 사용하는 다음 표기법에 대해 알아야 합니다.

- x

  학습 데이터 세트의 특성으로 신경망의 입력으로 사용됩니다.

- y

  학습 데이터 세트의 라벨입니다. 신경망의 출력과 비교하여 신경망을 학습시킬 때 사용되며, 신경망 성능을 평가할 때도 사용됩니다.

- (x^i, y^i)

  i번째 학습 데이터 세트의 샘플

- $h_{wb}(x)$

  신경망의 파라미터 W, b를 사용하여 입력 x로부터 예측된 네트워크의 출력입니다. 학습 데이터 세트의 라벨 y와 똑같은 차원(예를 들어 벡터인 경우 같은 크기)을 가져야 합니다. $\hat{y}$로 표기하기도 합니다.

- $w_{ij}^{(l)}$

  가중치. l번째 레이어의 j번째 노드와 $l+1$번째 레이어의 i번째 노드 사이의 연결에 부여되는 가중치입니다. 신경망의 학습 단계에서 반복적으로 업데이트됩니다.

아래 첨자의 순서에 주의해야 합니다. 예를 들어, 첫 번째 레이어의 두 번째 노드와 두 번째 레이어의 세 번째 노드 간의 가중치는 다음과 같이 나타냅니다.

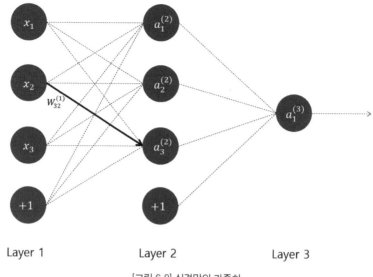

$$x_1 \qquad a_1^{(2)}$$

$$x_2 \qquad a_2^{(2)}$$

$$W_{32}^{(1)}$$

$$x_3 \qquad a_3^{(2)} \qquad a_1^{(3)}$$

$$+1 \qquad +1$$

Layer 1   Layer 2   Layer 3

[그림 6-8] 신경망의 가중치

- $b_i^{(l)}$

편향. $l+1$번째 레이어의 i번째 노드와 l번째 레이어의 편향(bias) 노드 사이의 연결에 부여되는 가중치입니다. 신경망의 학습 단계에서 반복적으로 업데이트됩니다. 편향은 활성화 함수가 포함되어 있는 노드가 아닙니다. 입력도 없습니다. [그림 6-9]에서 +1로 표시된 노드가 편향입니다. 편향 노드는 값으로 1을 가지며 편향과 다음 레이어의 모든 노드와의 연결에 가중치가 부여됩니다.

예를 들어, 첫 번째 레이어의 편향 노드와 두 번째 레이어의 세 번째 노드 사이의 연결에 대한 가중치를 다음과 같이 나타냅니다.

$$b_3^{(1)}$$

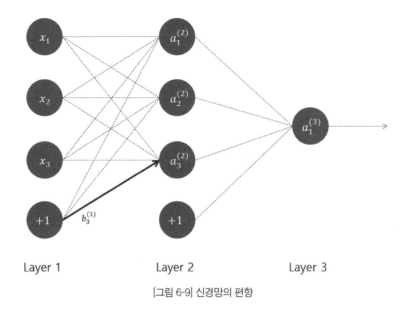

[그림 6-9] 신경망의 편향

- $a_i^{(l)}$

l번째 레이어의 i번째 노드의 출력입니다. 예를 들어, 두 번째 레이어의 세 번째 노드의 출력은 $a_3^{(2)}$으로 나타냅니다. 입력에 가중치를 곱한 후 모두 더한 값을 활성화 함수 $f(\cdot)$의 입력으로 사용하여 노드 출력을 얻습니다.

$$a_3^{(2)} = f\left(W_{31}^{(1)}x_1 + W_{32}^{(1)}x_2 + W_{33}^{(1)}x_3 + b_3^{(1)}\right)$$

입력 레이어인 첫 번째 레이어의 노드를 $a_i^{(1)} = x_i$으로 표시하기도 합니다.

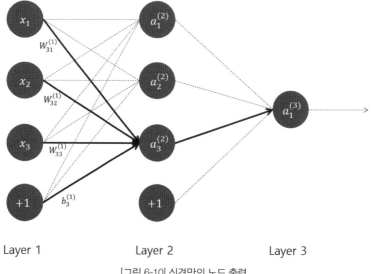

[그림 6-10] 신경망의 노드 출력

- $f(\cdot)$

  활성화 함수(activation function). 본서에서는 활성화 함수로 시그모이드 함수를 사용합니다.

$$f(z) = sigmoid(z)$$

- $z_i^{(l)}$

  l번째 레이어의 i번째 노드 입력에 가중치를 곱한 후 모두 더한 것입니다. $z_i^{(l)}$를 사용하면 식이 간단해집니다. 예를 들어, 두 번째 층의 세 번째 노드의 출력을 나타내는 $a_3^{(2)}$식입니다.

$$a_3^{(2)} = f\left(W_{31}^{(1)}x_1 + W_{32}^{(1)}x_2 + W_{33}^{(1)}x_3 + b_3^{(1)}\right)$$

활성화 함수의 입력을 $z_i^{(l)}$로 나타내면 식은 다음과 같이 간단해집니다.

파이썬과 NumPy로 배우는 선형대수

$$z_3^{(2)} = W_{31}^{(1)} x_1 + W_{32}^{(1)} x_2 + W_{33}^{(1)} x_3 + b_3^{(1)}$$

$$a_3^{(2)} = f\left(z_3^{(2)}\right)$$

- a

  학습률(learning rate)

- s_l

  l번째 레이어의 노드 개수(편향 노드는 제외)

- n_l

  신경망의 레이어 개수

- L_l

  신경망의 레이어, 보통 L_1는 입력 레이어, L_{nl}은 출력 레이어, L_l은 히든 레이어 ($l=2,3,\cdots n_l-1$)를 나타냅니다.

6.11 피드포워드

학습 데이터 세트의 특성과 신경망의 노드 간 연결에 부여되는 가중치를 사용하여 신경망의 출력을 계산하는 과정을 '피드포워드(feedforward)'라고 합니다. 본서에서는 간단히 3개의 레이어로 구성된 신경망을 예로 들어 피드포워드를 살펴보겠습니다. [그림 6-11]처럼 입력 레이어, 히든 레이어, 출력 레이어가 각각 1개씩으로 구성된 경우입니다.

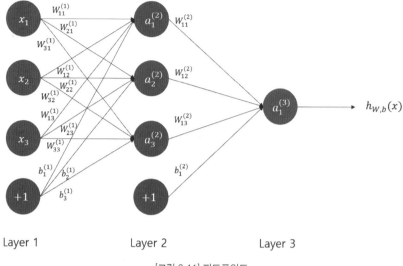

[그림 6-11] 피드포워드

첫 번째 단계로 히든 레이어(Layer 2, L_2)의 노드 출력 $a_i^{(2)}$을 구합니다($a_i^{(2)}$는 두 번째 레이어의 i번째 노드 출력을 의미합니다). 즉, $a_1^{(2)}$, $a_2^{(2)}$, $a_3^{(2)}$를 구합니다.

입력 레이어(Layer 1, L_1)의 노드에서 전달받은 값과 입력 레이어의 노드와 히든 레이어의 노드 사이에 부여된 가중치를 곱한 후 편향을 포함하여 모두 더하고 나서 활성화 함수의 입력으로 넣어 출력을 얻습니다. 식으로 나타내면 다음과 같습니다. $f(\cdot)$는 노드의 활성화 함수를 나타냅니다.

$$a_1^{(2)} = f\left(W_{11}^{(1)}x_1 + W_{12}^{(1)}x_2 + W_{13}^{(1)}x_3 + b_1^{(1)}\right)$$

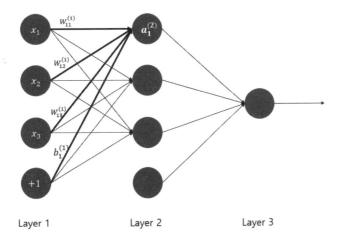

Layer 1   Layer 2   Layer 3

[그림 6-12] 피드포워드 - 입력 레이어에서 히든 레이어로 이동 1

두 번째 레이어의 나머지 노드도 같은 방식으로 계산합니다.

$$a_2^{(2)} = f\left(W_{21}^{(1)}x_1 + W_{22}^{(1)}x_2 + W_{23}^{(1)}x_3 + b_2^{(1)}\right)$$

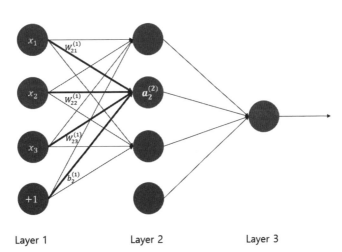

Layer 1   Layer 2   Layer 3

[그림 6-13] 피드포워드 - 입력 레이어에서 히든 레이어로 이동 2

$$a_3^{(2)} = f\left(W_{31}^{(1)}x_1 + W_{32}^{(1)}x_2 + W_{33}^{(1)}x_3 + b_3^{(1)}\right)$$

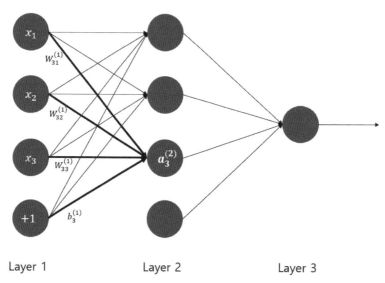

[그림 6-14] 피드포워드 - 입력 레이어에서 히든 레이어로 이동 3

출력 레이어(Layer 3, L_3)의 노드 $a_1^{(3)}$의 출력을 구합니다. 히든 레이어의 노드에서 전달받은 값과 히든 레이어의 노드와 출력 레이어의 노드 사이에 부여된 가중치를 곱한 후 편향을 포함하여 모두 더하고 나서 활성화 함수의 입력으로 넣어 출력을 얻습니다. 식으로 나타내면 다음과 같습니다.

$$h_{W,b}(x) = a_1^{(3)} = f\left(W_{11}^{(2)}a_1^{(2)} + W_{12}^{(2)}a_2^{(2)} + W_{13}^{(2)}a_3^{(2)} + b_1^{(2)}\right)$$

파이썬과 NumPy로 배우는 선형대수

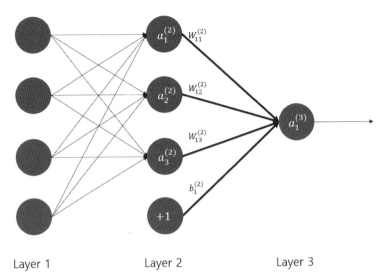

Layer 1   Layer 2   Layer 3

[그림 6-15] 피드포워드 - 히든 레이어에서 출력 레이어로 이동

정리하면 다음과 같습니다.

$$a_1^{(2)} = f\left(W_{11}^{(1)}x_1 + W_{12}^{(1)}x_2 + W_{13}^{(1)}x_3 + b_1^{(1)}\right)$$

$$a_2^{(2)} = f\left(W_{21}^{(1)}x_1 + W_{22}^{(1)}x_2 + W_{23}^{(1)}x_3 + b_2^{(1)}\right)$$

$$a_3^{(2)} = f\left(W_{31}^{(1)}x_1 + W_{32}^{(1)}x_2 + W_{33}^{(1)}x_3 + b_3^{(1)}\right)$$

$$h_{W,b}(x) = a_1^{(3)} = f\left(W_{11}^{(2)}a_1^{(2)} + W_{12}^{(2)}a_2^{(2)} + W_{13}^{(2)}a_3^{(2)} + b_1^{(2)}\right)$$

$z_i^{(l)}$를 도입하여 다음과 같이 식에서 활성화 함수 f의 입력을 따로 분리합니다.

$$z_1^{(2)} = W_{11}^{(1)}x_1 + W_{12}^{(1)}x_2 + W_{13}^{(1)}x_3 + b_1^{(1)}$$
$$a_1^{(2)} = f\left(z_1^{(2)}\right)$$

$$z_2^{(2)} = W_{21}^{(1)}x_1 + W_{22}^{(1)}x_2 + W_{23}^{(1)}x_3 + b_2^{(1)}$$
$$a_2^{(2)} = f\left(z_2^{(2)}\right)$$

$$z_3^{(2)} = W_{31}^{(1)}x_1 + W_{32}^{(1)}x_2 + W_{33}^{(1)}x_3 + b_3^{(1)}$$
$$a_3^{(2)} = f\left(z_3^{(2)}\right)$$

$$z_1^{(3)} = W_{11}^{(2)}a_1^{(2)} + W_{12}^{(2)}a_2^{(2)} + W_{13}^{(2)}a_3^{(2)} + b_1^{(2)}$$
$$h_{W,b}(x) = a_1^{(3)} = f\left(z_1^{(3)}\right)$$

피드포워드 식에 행렬을 적용하면 넘파이 배열을 사용하여 효율적으로 계산할 수 있습니다. 입력을 입력 레이어의 노드의 출력으로 보면 다음과 같이 나타낼 수 있습니다.

$$\begin{bmatrix} a_1^{(1)} \\ a_2^{(1)} \\ a_3^{(1)} \end{bmatrix} = \begin{bmatrix} x_1 \\ x_2 \\ x_3 \end{bmatrix}$$

$$a^{(1)} = x$$

히든 레이어의 노드 입력을 다음과 같이 행렬로 바꿉니다.

$$\begin{bmatrix} z_1^{(2)} \\ z_2^{(2)} \\ z_3^{(2)} \end{bmatrix} = \begin{bmatrix} W_{11}^{(1)}x_1 + W_{12}^{(1)}x_2 + W_{13}^{(1)}x_3 + b_1^{(1)} \\ W_{21}^{(1)}x_1 + W_{22}^{(1)}x_2 + W_{23}^{(1)}x_3 + b_2^{(1)} \\ W_{31}^{(1)}x_1 + W_{32}^{(1)}x_2 + W_{33}^{(1)}x_3 + b_3^{(1)} \end{bmatrix}$$

$$\begin{bmatrix} z_1^{(2)} \\ z_2^{(2)} \\ z_3^{(2)} \end{bmatrix} = \begin{bmatrix} w_{11}^{(1)} & w_{12}^{(1)} & w_{13}^{(1)} \\ w_{21}^{(1)} & w_{22}^{(1)} & w_{23}^{(1)} \\ w_{31}^{(1)} & w_{32}^{(1)} & w_{33}^{(1)} \end{bmatrix} \begin{bmatrix} x_1 \\ x_2 \\ x_3 \end{bmatrix} + \begin{bmatrix} b_1^{(1)} \\ b_2^{(1)} \\ b_3^{(1)} \end{bmatrix}$$

$$z^{(2)} = W^{(1)}a^{(1)} + b^{(1)}$$

활성화 함수를 적용하면 히든 레이어의 노드 출력이 됩니다.

$$a^{(2)} = f\left(z^{(2)}\right)$$

출력 레이어의 노드 입력을 다음과 같이 행렬로 바꿉니다.

$$\left[z_1^{(3)}\right] = \left[W_{11}^{(2)}a_1^{(2)} + W_{12}^{(2)}a_2^{(2)} + W_{13}^{(2)}a_3^{(2)} + b_1^{(2)}\right]$$

$$\left[z_1^{(3)}\right] = \begin{bmatrix} W_{11}^{(2)} & W_{12}^{(2)} & W_{13}^{(2)} \end{bmatrix} \begin{bmatrix} a_1^{(2)} \\ a_2^{(2)} \\ a_3^{(2)} \end{bmatrix} + \left[b_1^{(2)}\right]$$

$$z^{(3)} = W^{(2)}a^{(2)} + b^{(2)}$$

활성화 함수를 적용하면 출력 레이어의 노드 출력이 됩니다.

$$a^{(3)} = f\left(z^{(3)}\right)$$

정리하면 다음과 같습니다.

$$a^{(1)} = \boldsymbol{x}$$

$$z^{(2)} = W^{(1)}a^{(1)} + b^{(1)}$$
$$a^{(2)} = f\big(z^{(2)}\big)$$

$$z^{(3)} = W^{(2)}a^{(2)} + b^{(2)}$$
$$a^{(3)} = f\big(z^{(3)}\big)$$

식을 일반화하면 다음과 같이 간단히 나타낼 수 있습니다.

$$z^{(l+1)} = W^{(l)}a^{(l)} + b^{(l)}$$
$$a^{(l+1)} = f\big(z^{(l+1)}\big)$$

피드포워드를 넘파이 코드로 작성해보겠습니다. 가중치와 편향 행렬을 다음과 같이 넘파이 배열로 미리 생성합니다.

$$W^{(1)} = \begin{bmatrix} w_{11}^{(1)} & w_{12}^{(1)} & w_{13}^{(1)} \\ w_{21}^{(1)} & w_{22}^{(1)} & w_{23}^{(1)} \\ w_{31}^{(1)} & w_{32}^{(1)} & w_{33}^{(1)} \end{bmatrix}, \ b^{(1)} = \begin{bmatrix} b_1^{(1)} \\ b_2^{(1)} \\ b_3^{(1)} \end{bmatrix}$$

$$W^{(2)} = \begin{bmatrix} W_{11}^{(2)} & W_{12}^{(2)} & W_{13}^{(2)} \end{bmatrix}, \ b^{(2)} = \begin{bmatrix} b_1^{(2)} \end{bmatrix}$$

여기서는 무작위 값으로 가중치 행렬을 초기화합니다.

```
# 신경망은 총 3개의 레이어로 구성되며
# 입력 레이어의 노드 개수 3, 히든 레이어의 레이어 개수 3, 출력 레이어의 개수 1입니다.
node_size={
```

```
    'input_layer_size' : 3,
    'hidden_layer_size' : 3,
    'output_layer_size' : 1
}

# 초기 가중치 값으로 무작위 값을 사용합니다.
# 각 넘파이 배열 생성 시 아규먼트에 포함되는 레이어 순서를 봐두면 좋습니다.
W2=np.random.random((node_size['output_layer_size'], node_size['hidden_layer_size']))
W1=np.random.random((node_size['hidden_layer_size'], node_size['input_layer_size']))
b2=np.random.random(node_size['output_layer_size'])
b1=np.random.random(node_size['hidden_layer_size'])
```

신경망의 노드 출력을 계산하려면 활성화 함수가 필요합니다. 여기에서는 시그모이드 함수를 사용합니다.

```
def sigmoid(x):
    return 1 / (1+np.exp(-x))
```

피드포워드 전체 소스 코드입니다. 파이썬에서 루프를 사용하면 매우 느리기 때문에 넘파이를 사용하여 루프를 최소화하여 구현합니다.

```
import numpy as np


# 활성화 함수
def sigmoid(x):
    return 1 / (1+np.exp(-x))


# 피드포워드를 수행하는 함수
def feed_forward(x, W1, W2, b1, b2):

    # 입력 레이어
    a1=x
```

```python
    # 히든 레이어
    z2=np.dot(W1, a1)+b1
    a2=sigmoid(z2)

    # 출력 레이어
    # a3에 신경망의 출력이 저장됩니다.
    z3=np.dot(W2, a2)+b2
    a3=sigmoid(z3)

    return a1, a2, a3, z2, z3


# 신경망을 구성하는 레이어의 노드 개수 지정
node_size={
    'input_layer_size' : 3,
    'hidden_layer_size' : 3,
    'output_layer_size' : 1
}


# 가중치와 편향을 무작위 값으로 초기화하여 생성합니다.
W2=np.random.random((node_size['output_layer_size'], node_size['hidden_layer_size']))
W1=np.random.random((node_size['hidden_layer_size'], node_size['input_layer_size']))
b2=np.random.random(node_size['output_layer_size'])
b1=np.random.random(node_size['hidden_layer_size'])


# 학습 데이터 세트입니다.
# 특성 X, 라벨 Y
X=np.array([[1, 0, 0], [0, 0, 1], [0, 1, 1], [1, 0, 1], [1, 1, 0], [0, 1, 0], [1, 1, 1]])
Y=np.array([1, 0, 0, 0, 1, 1, 0])


# 특성 하나인 x에 대해 피드포워드를 수행합니다.
# 라벨 하나인 y는 비용 계산을 위해 사용합니다.
for x,y in zip(X,Y):

    # 특성과 가중치를 사용하여 피드포워드를 수행하고
    # 결과를 리턴받습니다.
    # 6.13에서 살펴볼 역전파 알고리즘에서 사용됩니다.
```

```
a1,a2,a3,z2,z3=feed_forward(x, W1, W2, b1, b2)

# 신경망의 출력 a3와 라벨 y로부터 비용을 계산합니다.
# L2 Norm 계산을 위해 넘파이에서 제공하는 함수를 사용합니다.
print('a3={}, y={}, Error(L2 Norm)={}'.format(a3, y, np.linalg.norm((y-a3), 2)))
```

신경망을 학습하는 목표는 지정한 입력에 대해서 신경망이 기대하는 출력을 내놓도록 하는 것입니다. 이를 위해 신경망의 출력 $h_{w,b}$과 입력에 대한 기대 출력인 라벨 y의 차이를 비용(cost)으로 보고 이 비용을 최소화시킵니다. 본서에서는 비용계산을 위해 L2 Norm을 사용하며 다음과 같이 계산합니다. 여기에서는 신경망의 출력이 하나이므로 다음과 같이 나타낼 수 있습니다.

$$cost = \left\| y - h_{W,b}(x) \right\|^2 = \sqrt{\left(y - h_{W,b}(x) \right)^2}$$

L2 Norm의 식은 다음과 같습니다.

$$\|\boldsymbol{u}\| = \sqrt{\boldsymbol{u} \cdot \boldsymbol{u}} = \sqrt{\sum_{i=1}^{n} u_i^2}$$

코드 실행 결과 비용도 같이 출력됩니다. 이 비용을 사용하여 신경망의 가중치를 조정합니다. 초기 가중치 값으로 임의의 값을 사용하기 때문에 실행할 때마다 실행 결과는 다릅니다.

```
a3=[0.7903709], y=0, Error(L2 Norm)=0.7903708963556101
a3=[0.79161889], y=1, Error(L2 Norm)=0.20838110682110111
a3=[0.81369758], y=0, Error(L2 Norm)=0.8136975843146217
a3=[0.78136577], y=1, Error(L2 Norm)=0.21863422873816862
```

신경망의 에러를 최소화하는 방법은 '비용 함수(cost function)'를 최소화하는 것입니다. 하나의 샘플 데이터 (x, y)를 위한 비용 함수는 다음과 같습니다. $\frac{1}{2}$은 뒤에서 살펴볼 역전파 시 미분 결과에서 상수 2가 식 앞에 붙는 것을 상쇄해주기 위해 추가된 것입니다.

$$J(W, b; x, y) = \frac{1}{2} \left\| y - h_{W,b}(x) \right\|^2$$

신경망 전체에 대한 비용 함수는 다음과 같습니다.

$$J(W, b) = \frac{1}{m} \sum_{i=1}^{m} J\left(W, b; x^{(i)}, y^{(i)}\right)$$
$$= \frac{1}{m} \sum_{i=1}^{m} \left(\frac{1}{2} \left\| y^{(i)} - h_{W,b}\left(x^{(i)}\right) \right\|^2 \right)$$

6.12 경사 하강법

'경사 하강법(Gradient descent)'은 함수의 최솟값을 찾는 알고리즘입니다. 임의로 선택한 위치에서 함수의 기울기를 구한 후, 현재 위치에서 기울기를 빼면 위치가 함수의 최솟값이 있는 방향으로 이동합니다. 이 과정을 반복하여 함수의 최솟값을 만족하는 함수의 입력을 찾을 수 있습니다.

학습 데이터 세트의 특성을 신경망의 입력으로 사용하여 원하는 출력인 학습 데이터의 라벨을 얻으려면, 신경망의 출력과 정답으로 주어진 라벨 간의 차이를 줄여야 합니다. 이 차이를 '신경망의 에러'라고 봅니다.

신경망의 출력에 영향을 주는 것은 학습 데이터 세트의 특성과 신경망의 가중치입니다. 특성은 신경망의 입력이므로 조정할 수 없고 가중치를 조정하여 신경망의 출력이 기대하는 라벨과 같아지도록 할 수 있습니다. 결과적으로 신경망의 에러가 줄어듭니다.

경사 하강법을 사용하면 에러가 최소화되도록 가중치를 조정할 수 있습니다. [그림 6-16]은 가중치 W에 따라 달라지는 에러를 그래프로 그린 것입니다. 그래프로 보면 2차 곡선의 하단에서 에러가 최소화되는 것을 알 수 있지만 실제로는 어떤 가중치 W가 주어져야 에러가 최소화되는지 알 수 없습니다.

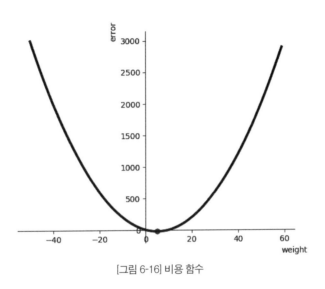

[그림 6-16] 비용 함수

경사 하강법을 사용하여 에러가 최소화되는 방향으로 가중치 W를 조정하기 위해 비용함수의 기울기를 사용합니다. 현재 가중치 값이 가리키는 위치에서 기울기를 구하여 현재 가중치 값에서 기울기를 빼주면 에러가 최소화되는 방향으로 가중치 값이 조정됩니다. 이 과정을 반복하면 가중치는 비용함수의 최솟값으로 이동합니다.

경사 하강법을 사용하여 반복할 때 다음 식으로 가중치 W를 업데이트합니다. W_i는 가중치의 현재 위치이고 W_{i+1}는 다음에 이동하게 되는 가중치의 위치입니다. $\nabla error$는 W_i에서 비용 함수의 기울기이고, a는 학습률(learning rate)로 한 번에 이동하는 거리를 조정합니다.

$$W_{i+1} = W_i - \alpha \nabla error$$

학습률은 반복할 때마다 구하게 되는 기울기 값을 얼마만큼 사용하여 다음 위치로 이동할지를 결정합니다. 이 a값에 따라 비용 함수의 최솟값을 찾는 데 걸리는 횟수가 달라집니다. a값이 너무 크면 빨리 최솟값까지 도달할 수 있는 반면 이동 거리가 크기 때문에 [그림 6-17]처럼 최소점에 도달하지 못하고 비용 함수 그래프의 양측면을 왔다 갔다 할 수 있습니다.

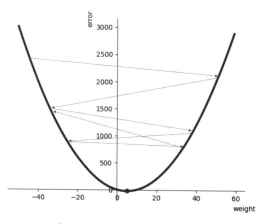

[그림 6-17] 학습률이 너무 큰 경우

a값이 너무 작으면 최소점에 도달하는 데 걸리는 횟수가 증가하여 [그림 6-18]처럼 최소점에 도달하는 데 필요한 횟수가 증가합니다.

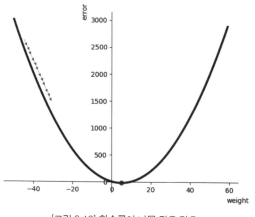

[그림 6-18] 학습률이 너무 작은 경우

파이썬과 NumPy로 배우는 선형대수

예를 들어, 2차 함수의 최솟값을 찾기 위해 경사 하강법을 사용해보겠습니다. 주어진 식으로부터 $(5, -20)$에서 최솟값을 갖는 것을 알 수 있습니다.

$$y = (x - 5)^2 - 20$$

주어진 함수를 미분하여 현재 위치 x에서 함수의 기울기를 계산하는 데 사용합니다.

$$y' = 2x - 10$$

경사 하강법을 넘파이 코드로 작성하여 최솟값을 구해보겠습니다.

```python
import matplotlib.pyplot as plt
import numpy as np


# 최솟값을 구할 2차 함수
def f(x):
    return np.power(x-5, 2)-20


# 주어진 2차 함수의 1차 도함수
def f_derivative(x):
    return 2*x-10


# 경사 하강법을 구현한 함수
def gradient_descent(next_x, gamma, precision, max_iteration):

    # 반복할 때마다 이동한 거리의 변화 추이를 살펴보기 위해 리스트에 저장합니다.
list_step=[]


    # 주어진 함수의 최솟값을 찾기 위해 최대 max_iteration만큼 반복합니다.
    for i in range(max_iteration):
```

```python
    # 현재 위치에서 기울기를 뺀 위치를 업데이트합니다.
    # 계산된 위치는 다음 번 반복 시 현재 위치로 사용됩니다.
    current_x=next_x
    next_x=current_x-gamma*f_derivative(current_x)


    # 현재 위치에서 다음 위치까지 이동하는 거리(x좌표 기준)를 측정하여 리스트에 저장합니다.
    step=next_x-current_x
    list_step.append(abs(step))

    # 50번 반복할 때마다 로그를 출력합니다.
    if i%50==0:
        print('{}/{}, x={:5.6f},'.format(i, max_iteration, current_x), end="")
        gradient = gamma*f_derivative(current_x)
        print('f(x)={:5.6f}, gradient={:5.6f},'.format(f(current_x),gradient),end="")
        print('gradient sign= {}'.format('+' if f_derivative(current_x) > 0 else '-'))

    # 지정한 값보다 이동한 거리가 작아지면 루프를 중지합니다.
    if abs(step) <= precision:
        break

# 최종적으로 구한 최솟값 위치에 있는 x좌표입니다.
print('함수의 최솟값은 x= {}일 때 입니다.'.format(current_x))


# 이동 거리의 변화 추이를 그래프로 그립니다.
Figure, ax= plt.subplots(1, 1)

ax.title.set_text('step size')
ax.plot(list_step)
ax.set_ylabel('step size')
ax.set_xlabel('Iteration number')

plt.show()


# 시작 위치가 음수인 경우 경사 하강법을 수행합니다.
gradient_descent(next_x=-10, gamma=0.01, precision=0.00001, max_iteration=1000)

# 시작 위치가 양수인 경우 경사 하강법을 수행합니다.
gradient_descent(next_x=10, gamma=0.01, precision=0.00001, max_iteration=1000)
```

현재 위치에서 기울기를 구하고 현재 위치에서 기울기를 뺀 값을 다음 위치로 사용하도록 구현되어 있습니다. 현재 위치에서 현재 위치의 기울기를 빼는 과정을 반복하면서 함수의 최솟값을 찾아 이동합니다. 코드를 실행해보면 x의 시작 위치가 양수인 경우와 음수인 경우로 나누어 경사 하강법이 2번 실행됩니다.

x의 시작 위치가 음수인 경우에는 기울기가 음수입니다. 따라서 현재 위치에서 기울기를 빼게 되면 결과적으로 x좌표가 오른쪽으로 이동하며 반복적으로 경사 하강법을 적용하면 최솟값에 도달합니다. [그림 6-19]처럼 C, B, A 순으로 이동합니다.

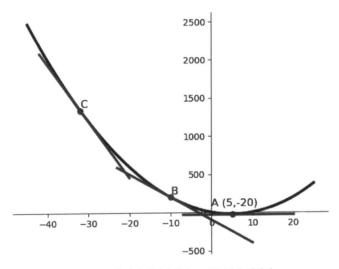

[그림 6-19] 시작 위치가 음수인 경우 경사 하강법

다음 실행 결과에서 최솟값에 가까워질수록 기울기 gradient는 0에 가까워지는 것을 볼 수 있습니다.

```
0/1000, x=-10.000000, f(x)=205.000000, gradient=-0.300000, gradient sign= -
50/1000, x=-0.462545, f(x)=9.839400, gradient=-0.109251, gradient sign= -
100/1000, x=3.010707, f(x)=-16.042712, gradient=-0.039786, gradient sign= -
```

```
150/1000, x=4.275560, f(x)=-19.475186, gradient=-0.014489, gradient sign= -
200/1000, x=4.736181, f(x)=-19.930399, gradient=-0.005276, gradient sign= -
250/1000, x=4.903925, f(x)=-19.990770, gradient=-0.001921, gradient sign= -
300/1000, x=4.965012, f(x)=-19.998776, gradient=-0.000700, gradient sign= -
350/1000, x=4.987259, f(x)=-19.999838, gradient=-0.000255, gradient sign= -
400/1000, x=4.995360, f(x)=-19.999978, gradient=-0.000093, gradient sign= -
450/1000, x=4.998310, f(x)=-19.999997, gradient=-0.000034, gradient sign= -
500/1000, x=4.999385, f(x)=-20.000000, gradient=-0.000012, gradient sign= -
함수의 최솟값은 x= 4.99950726213442일 때입니다.
```

[그림 6-20]은 경사 하강법을 실행하는 동안 측정한 스텝 크기를 그래프로 그린 것
입니다. 최솟값에 가까워질수록 반복 시마다 이동한 거리인 스텝 크기가 점점 작
아지는 것을 볼 수 있습니다. 최솟값에 가까워질수록 기울기가 0에 가까워지기 때
문에 이동 거리가 점점 짧아지는 것입니다.

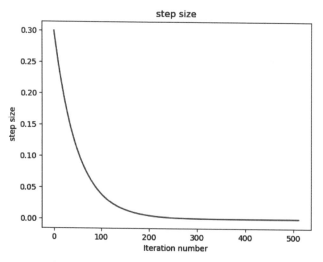

[그림 6-20] 경사 하강법을 반복함에 따라 스텝의 변화

x의 시작 위치가 양수인 경우에는 기울기가 양수입니다. 따라서 현재 위치에서 기
울기를 빼게 되면, 결과적으로 x좌표가 왼쪽으로 이동하며 반복적으로 경사 하강
법을 적용하면 최솟값에 도달합니다. [그림 6-21]처럼 C, B, A 순으로 이동합니다.

파이썬과 NumPy로 배우는 선형대수

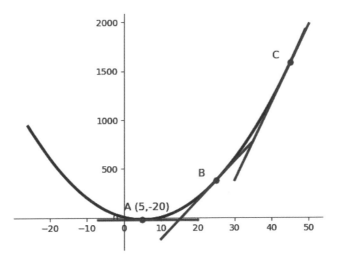

[그림 6-21] 시작 위치가 양수인 경우 경사 하강법

다음 실행 결과에서 최솟값에 가까워질수록 기울기 gradient는 0에 가까워지는 것을 볼 수 있습니다.

```
0/1000, x=10.000000, f(x)=5.000000, gradient=0.100000, gradient sign= +
50/1000, x=6.820848, f(x)=-16.684511, gradient=0.036417, gradient sign= +
100/1000, x=5.663098, f(x)=-19.560301, gradient=0.013262, gradient sign= +
150/1000, x=5.241480, f(x)=-19.941687, gradient=0.004830, gradient sign= +
200/1000, x=5.087940, f(x)=-19.992267, gradient=0.001759, gradient sign= +
250/1000, x=5.032025, f(x)=-19.998974, gradient=0.000640, gradient sign= +
300/1000, x=5.011663, f(x)=-19.999864, gradient=0.000233, gradient sign= +
350/1000, x=5.004247, f(x)=-19.999982, gradient=0.000085, gradient sign= +
400/1000, x=5.001547, f(x)=-19.999998, gradient=0.000031, gradient sign= +
450/1000, x=5.000563, f(x)=-20.000000, gradient=0.000011, gradient sign= +
함수의 최솟값은 x= 5.0004989541013208일 때입니다.
```

6.13 역전파 알고리즘

학습 데이터 세트의 특성이 신경망의 입력으로 주어질 때 신경망의 출력으로 학습 데이터 세트의 라벨이 출력되어야 합니다. 이때, 신경망의 출력에 영향을 주는 것은 신경망의 입력으로 주어지는 학습 데이터 세트의 특성과 신경망의 노드 간 연결에 부여되는 가중치입니다. 특성은 입력으로 사용하는 데이터이므로 출력에 영향을 주려면 가중치를 조정해야 합니다. 가중치를 조정하여 특성이 신경망의 입력으로 주어질 때 신경망의 출력으로 라벨이 출력되도록 할 수 있습니다.

신경망의 가중치를 조정하기 위해 '역전파 알고리즘(backpropagation algorithm)'을 사용합니다. 피드포워드를 사용해 계산된 출력 값과 기대하는 출력인 라벨의 차이를 에러로 보고 역전파 알고리즘으로 신경망의 모든 노드의 에러를 측정하여, 신경망의 가중치를 다시 계산합니다. 이 과정을 반복하면 신경망의 가중치는 최적화되고 신경망의 에러는 작아집니다. 즉, 신경망이 예측하는 출력의 정확도가 향상됩니다. 신경망의 입력으로 다음처럼 m개의 샘플로 구성된 학습 데이터 세트가 주어질 때 역전파 알고리즘을 사용하여 신경망을 학습시키는 방법을 설명합니다.

$$\left\{ \left(x^{(1)}, y^{(1)} \right), \left(x^{(2)}, y^{(2)} \right), \cdots \left(x^{(m)}, y^{(m)} \right) \right\}$$

하나의 샘플 (x, y)에 대한 신경망의 비용 함수는 다음과 같이 정의됩니다.

$$J(W, b; x, y) = \frac{1}{2} \left\| y - h_{W,b}(x) \right\|^2$$

m개의 샘플로 구성된 학습 데이터 세트에 대한 신경망의 비용 함수는 다음과 같이 정의됩니다.

$$J(W, b) = \frac{1}{m} \sum_{i=1}^{m} J(W, b; x^{(i)}, y^{(i)}) = \frac{1}{m} \sum_{i=1}^{m} \left(\frac{1}{2} \left\| y^{(i)} - h_{W,b}(x^{(i)}) \right\|^2 \right)$$

비용함수 $J(W, b)$를 최소화하도록 신경망의 파라미터인 가중치 W와 b를 조정하여 신경망을 학습시키는 목표입니다. 역전파 알고리즘이 한 번 수행될 때마다 신경망의 W와 b 파라미터가 다음과 같이 업데이트됩니다.

$$W_{ij}^{(l)} = W_{ij}^{(l)} - \alpha \frac{\partial}{\partial W_{ij}^{(l)}} J(W, b)$$

$$b_i^{(l)} = b_i^{(l)} - \alpha \frac{\partial}{\partial b_i^{(l)}} J(W, b)$$

여기에서 a는 학습률입니다. $\frac{\partial}{\partial w_{ij}^{(l)}} J(w, b)$와 $\frac{\partial}{\partial b_i^{(l)}} J(w, b)$는 가중치 W, b에 관한 비용 함수의 편미분입니다. 레이어 l의 각 노드가 신경망 출력의 에러에 얼마나 영향을 주는지 측정합니다.

$$\frac{\partial}{\partial W_{ij}^{(l)}} J(W, b) = \frac{1}{m} \sum_{i=1}^{m} \frac{\partial}{\partial W_{ij}^{(l)}} J(W, b; x^{(i)}, y^{(i)})$$

$$\frac{\partial}{\partial b_i^{(l)}} J(W, b) = \frac{1}{m} \sum_{i=1}^{m} \frac{\partial}{\partial b_i^{(l)}} J(W, b; x^{(i)}, y^{(i)})$$

역전파 알고리즘은 다음 단계를 거쳐 실행됩니다.

❶ 피드포워드를 실행하여 히든 레이어인 두 번째 레이어 L_2부터 출력 레이어 L_{nl}까지(여기에서는 L_3) 모든 노드의 출력을 계산합니다.

$$z_1^{(2)} = W_{11}^{(1)}x_1 + W_{12}^{(1)}x_2 + W_{13}^{(1)}x_3 + b_1^{(1)}$$

$$a_1^{(2)} = f\left(z_1^{(2)}\right)$$

$$z_2^{(2)} = W_{21}^{(1)}x_1 + W_{22}^{(1)}x_2 + W_{23}^{(1)}x_3 + b_2^{(1)}$$

$$a_2^{(2)} = f\left(z_2^{(2)}\right)$$

$$z_3^{(2)} = W_{31}^{(1)}x_1 + W_{32}^{(1)}x_2 + W_{33}^{(1)}x_3 + b_3^{(1)}$$

$$a_3^{(2)} = f\left(z_3^{(2)}\right)$$

$$z_1^{(3)} = W_{11}^{(2)}a_1^{(2)} + W_{12}^{(2)}a_2^{(2)} + W_{13}^{(2)}a_3^{(2)} + b_1^{(2)}$$

$$h_{W,b}(x) = a_1^{(3)} = f\left(z_1^{(3)}\right)$$

❷ l번째 레이어의 i번째 노드에 대한 에러항을 구합니다. 각 노드가 전체 신경망의 에러에 영향을 준 양을 측정하는 것입니다. 출력 레이어인 경우와 히든 레이어인 경우를 구분하여 계산합니다.

❷-1 출력 레이어 L_l의 i번째 노드에 대한 $\delta_i^{(n_l)}$를 구합니다. 신경망의 출력 $h_{w,b}(x)$와 학습 데이터의 라벨 y 간의 차이를 직접 측정합니다.

$$\delta_i^{(n_l)} = \frac{\partial}{\partial z_i^{(n_l)}} J(W, b; x, y) = \frac{\partial}{\partial z_i^{(n_l)}} \frac{1}{2} \left\| y - h_{w,b}(x) \right\|^2 = -\left(y_i - a_i^{(n_l)}\right) f'\left(z_i^{(n_l)}\right)$$

(계산 과정)

$$\delta_i^{(n_l)} = \frac{\partial}{\partial z_i^{(n_l)}} \left(\frac{1}{2} \left\| y - h_{w,b}(x) \right\|^2\right)$$

❷-2 히든 레이어 L_l의 i번째 노드에 대해 $\delta_i^{(l)}$를 구합니다($l=nl-1,\cdots n,2$). l번째 레이어의 i번째 노드의 출력 $a_i^{(l)}$을 입력으로 사용하는 노드의 오차항의

가중치 평균에 기반하여 $\delta_i^{(l)}$를 구합니다.

$$\delta_i^{(l)} = \frac{\partial}{\partial z_i^{(l)}} J(W, b; x, y) = \left(\sum_{j=1}^{s_{l+1}} W_{ji}^{(l)} \delta_j^{(l+1)} \right) f'\left(z_i^{(l)}\right)$$

(계산 과정)

$$\delta_i^{(nl-1)} = \frac{\partial}{\partial z_i^{(nl-1)}} \left(\frac{1}{2} \left\| y - h_{W,b}(x) \right\|^2 \right)$$

$$= \frac{1}{2} \frac{\partial}{\partial z_i^{(nl-1)}} \left(\sum_{j=1}^{s_{nl}} \left(y_j - a_j^{(nl)} \right)^2 \right)$$

$$= \frac{1}{2} \sum_{j=1}^{s_{nl}} \frac{\partial}{\partial z_i^{(nl-1)}} \left(y_j - a_j^{(nl)} \right)^2$$

$$= \frac{1}{2} \sum_{j=1}^{s_{nl}} \frac{\partial}{\partial z_i^{(nl-1)}} \left(y_j - f\left(z_j^{(nl)}\right) \right)^2$$

$$= \frac{1}{2} 2 \sum_{j=1}^{s_{nl}} \left(y_j - f\left(z_j^{(nl)}\right) \right) \left(0 - \frac{\partial f\left(z_j^{(nl)}\right)}{\partial z_i^{(nl-1)}} \right)$$

$$= \sum_{j=1}^{s_{nl}} - \left(y_j - f\left(z_j^{(nl)}\right) \right) f'\left(z_j^{(nl)}\right) \frac{\partial z_i^{(nl)}}{\partial z_i^{(nl-1)}}$$

$$= \sum_{j=1}^{s_{nl}} \delta_j^{(nl)} \frac{\partial z_i^{(nl)}}{\partial z_i^{(nl-1)}}$$

$$= \sum_{j=1}^{s_{nl}} \delta_j^{(nl)} \frac{\partial}{\partial z_i^{(nl-1)}} \sum_{k=1}^{s_{nl-1}} W_{jk}^{(nl-1)} a_k^{(nl-1)} + b_j^{(nl-1)}$$

$$= \sum_{j=1}^{s_{nl}} \delta_j^{(nl)} \frac{\partial}{\partial z_i^{(nl-1)}} \sum_{k=1}^{s_{nl-1}} W_{jk}^{(nl-1)} f\left(z_k^{(nl-1)}\right) + b_j^{(nl-1)}$$

$$= \sum_{j=1}^{s_{nl}} \delta_j^{(nl)} W_{ji}^{(nl-1)} f'\left(z_i^{(nl\ 1)}\right)$$

$$= \left(\sum_{j=1}^{s_{nl}} W_{ji}^{(nl-1)} \delta_j^{(nl)} \right) f'\left(z_i^{(nl-1)}\right)$$

$nl-1$와 n_l를 l과 $l+1$로 수정합니다.

$$\delta_i^{(nl-1)} = \left(\sum_{j=1}^{s_{nl}} W_{ji}^{(nl-1)} \delta_j^{(n_l)} \right) f'\left(z_i^{(nl-1)} \right)$$

$$\delta_i^{(l)} = \left(\sum_{j=1}^{s_{l+1}} W_{ji}^{(l)} \delta_j^{(l+1)} \right) f'\left(z_i^{(l)} \right)$$

❸ 비용 함수에 대한 편미분을 구합니다. 미분의 연쇄 법칙(chain rule)을 사용하면 다음과 같이 계산됩니다.

$$\frac{\partial J(W, b; x, y)}{\partial W_{ij}^{(l)}} = \frac{\partial J(W, b; x, y)}{\partial z_i^{(l+1)}} \frac{\partial z_i^{(l+1)}}{\partial W_{ij}^{(l)}}$$

$$= \frac{\partial J(W, b; x, y)}{\partial z_i^{(l+1)}} \frac{\partial \sum_{k=1}^{(s_l)} W_{ik}^{(l)} a_k^{(l)} + b_i^{(l)}}{\partial W_{ij}^{(l)}}$$

$$= \frac{\partial J(W, b; x, y)}{\partial z_i^{(l+1)}} a_j^{(l)}$$

$$\frac{\partial J(W, b; x, y)}{\partial b_i^{(l)}} = \frac{\partial J(W, b; x, y)}{\partial z_i^{(l+1)}} \frac{\partial z_i^{(l+1)}}{\partial b_i^{(l)}}$$

$$= \frac{\partial J(W, b; x, y)}{\partial z_i^{(l+1)}} \frac{\partial \sum_{k=1}^{(s_l)} W_{ik}^{(l)} a_k^{(l)} + b_i^{(l)}}{\partial b_i^{(l)}}$$

$$= \frac{\partial J(W, b; x, y)}{\partial z_i^{(l+1)}}$$

$\delta_i^{(l+1)} = \frac{\partial J(W, b; x, y)}{\partial z_i^{(l+1)}}$ 이라 다음과 같이 식이 간단해집니다.

$$\frac{\partial J(W, b; x, y)}{\partial W_{ij}^{(l)}} = a_j^{(l)} \delta_i^{(l+1)}$$

$$\frac{\partial J(W, b; x, y)}{\partial b_i^{(l)}} = \delta_i^{(l+1)}$$

정리하면 다음과 같습니다.

$$W_{ij}^{(l)} = W_{ij}^{(l)} - \alpha \frac{\partial}{\partial W_{ij}^{(l)}} J(W, b)$$

$$b_i^{(l)} = b_i^{(l)} - \alpha \frac{\partial}{\partial b_i^{(l)}} J(W, b)$$

$$\frac{\partial J(W, b)}{\partial W_{ij}^{(l)}} = a_j^{(l)} \delta_i^{(l+1)}$$

$$\frac{\partial J(W, b; x, y)}{\partial b_i^{(l)}} = \delta_i^{(l+1)}$$

출력 레이어일 때

$$\delta_i^{(n_l)} = \frac{\partial}{\partial z_i^{(n_l)}} J(W, b; x, y) = -\left(y_i - a_i^{(n_l)}\right) f'\left(z_i^{(n_l)}\right)$$

히든 레이어일 때

$$\delta_i^{(l)} = \frac{\partial}{\partial z_i^{(l)}} J(W, b; x, y) = \left(\sum_{j=1}^{s_{l+1}} W_{ji}^{(l)} \delta_j^{(l+1)}\right) f'\left(z_i^{(l)}\right)$$

앞에서 작성한 피드포워드 코드에 신경망을 위한 역전파 알고리즘을 추가합니다.

```python
import numpy as np
import matplotlib.pyplot as plt


# 활성화 함수로 시그모이드 함수를 사용합니다.
def sigmoid(x):
    return 1 / (1+np.exp(-x))

# 역전파 알고리즘 사용 시 활성화 함수의 1차 도함수가 필요합니다.
def sigmoid_derivative(x):
    return sigmoid(x) * (1-sigmoid(x))

# 피드포워드를 수행합니다.
def feed_forward(x, W1, W2, b1, b2):
    a1=x

    z2=np.dot(W1, a1)+b1
    a2=sigmoid(z2)

    z3=np.dot(W2, a2)+b2
    a3=sigmoid(z3)

    return a1, a2, a3, z2, z3


# 신경망은 총 3개의 레이어로 구성되며
# 입력 레이어의 노드 개수 3, 히든 레이어의 레이어 개수 3, 출력 레이어의 개수 1입니다.
node_size={
    'input_layer_size' : 3,
    'hidden_layer_size' : 3,
    'output_layer_size' : 1
}

# 학습률은 2.0입니다.
learning_rate=2.0
```

```
# 초기 가중치 값으로 무작위 값을 사용합니다.
W2=np.random.random((node_size['output_layer_size'], node_size['hidden_layer_size']))
W1=np.random.random((node_size['hidden_layer_size'], node_size['input_layer_size']))
b2=np.random.random(node_size['output_layer_size'])
b1=np.random.random(node_size['hidden_layer_size'])


# 학습 데이터 세트입니다.
# 특성 X, 라벨 Y
X=np.array([[1, 0, 0], [0, 0, 1], [0, 1, 1], [1, 0, 1], [1, 1, 0], [0, 1, 0], [1, 1, 1]])
Y=np.array([1, 0, 0, 0, 1, 1, 0])


# 반복 횟수를 카운트하기 위해 사용합니다.
count=0

# 학습 데이터 세트 전체에 대한 피드포워드와 역전파를 1,000번 반복합니다.
max_iteration=1000

# 학습 데이터 세트에 포함된 데이터의 개수입니다.
dataset_size=len(Y)

# 반복할 때마다 변하는 비용을 저장하기 위한 리스트입니다.
list_average_cost=[]


# 정해놓은 max_iteration만큼 반복합니다.
while count < max_iteration:

    # 역전파 알고리즘 적용 시 각 샘플별로 측정되는 값을 저장하기 위해 사용됩니다.
    dW2=np.zeros((node_size['output_layer_size'], node_size['hidden_layer_size']))
    dW1=np.zeros((node_size['hidden_layer_size'], node_size['input_layer_size']))
    db2=np.zeros((node_size['output_layer_size']))
    db1=np.zeros((node_size['hidden_layer_size']))

    average_cost=0

    # 학습 데이터 세트의 모든 샘플을 대상으로
    # 피드포워드와 역전파 알고리즘을 수행합니다.
```

```
for x,y in zip(X,Y):
    # 피드포워드를 실행합니다.
    a1,a2,a3,z2,z3=feed_forward(x, W1, W2, b1, b2)

    # 역전파 알고리즘을 실행합니다.
    delta3=-(y-a3) * sigmoid_derivative(z3)
    average_cost += np.linalg.norm((y-a3), 2)/dataset_size

    delta2=np.dot(W2.T, delta3) * sigmoid_derivative(z2)
    dW2 += np.dot(delta3[:,np.newaxis], np.transpose(a2[:,np.newaxis]))/dataset_size
    db2 += delta3/dataset_size
    dW1 += np.dot(delta2[:,np.newaxis], np.transpose(a1[:,np.newaxis]))/dataset_size
    db1 += delta2/dataset_size


    # 역전파 알고리즘 실행 결과를 사용하여 신경망의 가중치와 편향을 업데이트합니다.
    W2 += -learning_rate * dW2
    b2 += -learning_rate * db2
    W1 += -learning_rate * dW1
    b1 += -learning_rate * db1

    # 매 반복 시 측정된 비용을 리스트에 저장합니다.
    list_average_cost.append(average_cost)

    # 100번 반복 시 비용을 출력합니다. 실행 시 비용이 감소하는 추이를 보는 데 사용합니다.
    if count % 100 == 0:
        print('{}/{}  cost : {}'.format(count, max_iteration, average_cost))

    count += 1


# 반복 횟수에 대비 비용 그래프를 그립니다.
Figure, ax= plt.subplots(1, 1)

ax.title.set_text('Average cost')

ax.plot(list_average_cost)

ax.set_ylabel('Average cost')
ax.set_xlabel('Iteration number')
```

```
plt.show()


# 간단하게 하기 위해 테스트 데이터 세트를 따로 사용하지 않고
# 학습 데이터 세트를 가지고 피드포워드를 수행하여
# 학습 결과 네트워크 출력과 라벨을 비교해봅니다.
for x,y in zip(X,Y):

    # 피드포워드를 실행합니다.
    a1,a2,a3,z2,z3=feed_forward(x, W1, W2, b1, b2)
    print(y)
    print(a3)
```

실행 결과입니다. 비용이 점점 줄어드는 것을 볼 수 있습니다.

```
0/1000   cost : 0.5483356615695917
100/1000   cost : 0.3791896561337321
200/1000   cost : 0.13494451846403094
300/1000   cost : 0.08021509721575174
400/1000   cost : 0.05988963839860599
500/1000   cost : 0.049112706432343965
600/1000   cost : 0.042302221638070334
700/1000   cost : 0.03754409073072129
800/1000   cost : 0.033998279669534656
900/1000   cost : 0.031234494981547792

# 학습이 완료된 후 학습 데이터 세트를 사용한 신경망의 출력과 라벨의 값을
비교해봅니다.
1
[0.96653026]
0
[0.0170884]
0
[0.02353028]
0
[0.02388966]
1
[0.98069781]
```

```
1
[0.96600754]
0
[0.03648977]
```

[그림 6-22]처럼 학습을 반복할수록 비용은 감소합니다.

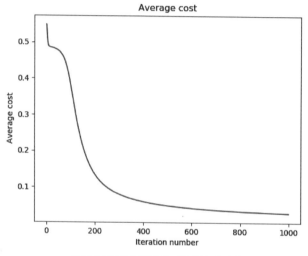

[그림 6-22] 학습 반복 시 비용 함수의 변화

파이썬과 NumPy로 배우는 선형대수

6.14 붓꽃 분류 문제

신경망 예제로 신경망에 붓꽃의 특성을 입력받아 붓꽃의 품종을 분류하는 문제를 다룹니다. 사용한 데이터 세트는 아래 주소에서 다운로드받아 얻을 수 있는 Iris. csv 파일을 사용합니다(https://www.kaggle.com/uciml/iris).

붓꽃 분류 데이터 세트는 [그림 6-23]처럼 150개의 샘플이 포함되어 있으며, 6개의 열로 구성되어 있습니다. 특성으로 4개의 열, 꽃받침의 길이(SepalLengthCm), 꽃받침의 너비(SepalWidthCm), 꽃잎의 길이(PetalLengthCm), 꽃잎의 너비(PetalWidthCm)를 사용하며, 라벨로 1개의 열, 품종(Species)을 사용합니다. 라벨은 붓꽃 품종 이름으로 Iris-setosa, Iris-versicolor, Iris-virginica 중에 하나를 값으로 가집니다.

Id	SepalLengthCm	SepalWidthCm	PetalLengthCm	PetalWidthCm	Species
1	5.1	3.5	1.4	0.2	Iris-setosa
2	4.9	3	1.4	0.2	Iris-setosa
......					
49	5.3	3.7	1.5	0.2	Iris-setosa
50	5	3.3	1.4	0.2	Iris-setosa
51	7	3.2	4.7	1.4	Iris-versicolor
......					
52	6.4	3.2	4.5	1.5	Iris-versicolor
99	5.1	2.5	3	1.1	Iris-versicolor
100	5.7	2.8	4.1	1.3	Iris-versicolor
101	6.3	3.3	6	2.5	Iris-virginica
102	5.8	2.7	5.1	1.9	Iris-virginica
......					
149	6.2	3.4	5.4	2.3	Iris-virginica
150	5.9	3	5.1	1.8	Iris-virginica

[그림 6-23] 붓꽃 분류 데이터 세트

다음과 같이 Iris.csv 파일로부터 데이터를 불러와 가공하여 넘파이 배열에 저장합니다.

```python
import numpy as np
import csv


# 숫자로 주어지는 y값을 길이 vector_length인 one-hot 벡터로 변환합니다.
def convert_y_to_one_hot_vector(y, vector_length):

    y_vect=np.zeros((len(y), vector_length))

    for i in range(len(y)):
        y_vect[i, y[i]]=1

    return y_vect


# 붓꽃 품종을 딕셔너리로 정의하여 문자열로 된 라벨을 숫자값 라벨로 변환하는 데 사용합니다.
Species_Dict ={'Iris-setosa':0, 'Iris-versicolor':1, 'Iris-virginica':2}


# 특성(X)와 라벨(Y)를 저장하는 데 사용합니다.
X=[]
Y=[]


# csv 파일을 열어서 한 줄씩 가져옵니다.
with open('Iris.csv', newline='') as file:
    reader=csv.reader(file)
    try:
        for i,row in enumerate(reader):
            if i > 0:
                # csv로부터 읽어온 데이터를 특성과 라벨로 나누어 리스트에 저장합니다.
                X.append(np.array(row[1:5], dtype="float64"))
                # 앞에서 정의한 딕셔너리를 이용하여 문자열 라벨을 숫자 라벨로 변환합니다.
                Y.append(Species_Dict[row[-1]])

        # 데이터가 저장된 리스트를 넘파이 배열로 변환합니다.
        X=np.array(X)
        Y=np.array(Y)
```

파이썬과 NumPy로 배우는 선형대수

```
        except csv.Error as e:
            sys.exit('file {}, line {}: {}'.format(filename, reader.line_num, e))

# {0, 1, 2} 값을 가지는 라벨을 one-hot 인코딩하여 {0 0 1, 0 1 0, 1 0 0}로 변환합니다.
Y=convert_y_to_one_hot_vector(Y, vector_length=3)


# 데이터 세트를 무작위로 섞습니다.
s=np.arange(Y.shape[0])
np.random.seed(0)
np.random.shuffle(s)

Y=Y[s]
X=X[s]


# 학습용 데이터(X_train,Y_train)와 테스트용 데이터(X_test,Y_test)를 8:2 비율로 사용
합니다.
size=len(Y)
p=int(size * 0.8)


X_train=X[0:p]
Y_train=Y[0:p]
X_test=X[p:]
Y_test=Y[p:]


# 학습용 데이터를 시험 삼아 출력해봅니다.
print(X_train[0])
print(Y_train[0])
```

```
# 특성에는 붓꽃에 대한 측정 값이 4개의 실수 값으로 주어집니다.
[5.8 2.8 5.1 2.4]

# 주어진 특성에 대응하는 꽃의 품종을 one-hot 인코딩으로 나타냅니다.
[0. 0. 1.]
```

신경망 구조를 정의합니다. 입력 레이어의 노드 개수는 주어지는 특성의 개수와 일치하도록 4로 합니다. 출력 레이어의 노드 개수는 주어지는 라벨의 개수와 일치하도록 3으로 합니다. 히든 레이어는 테스트를 통해 8로 정했습니다.

```
neural_network_structure={
        'input_layer_size' : 4,
        'hidden_layer_size' : 8,
        'output_layer_size' : 3
    }
```

학습률을 정의합니다. 테스트를 통해 학습률을 0.5로 정했습니다.

```
learning_rate=0.5
```

신경망 학습을 시작합니다. 아규먼트로 학습 데이터 세트(X_train, Y_train), 신경망을 구성하는 레이어의 노드 개수(node_size), 학습 반복 횟수(1000), 학습률(learning_rate)을 입력받습니다.

```
W1, W2, b1, b2, list_avg_cost,list_accuracy=train(X_train, Y_train,
node_size=node_size, max_iteration=1000, learning_rate=learning_
rate)
```

전체 소스 코드입니다.

```
import numpy as np
import matplotlib.pyplot as plt
import csv


# 숫자로 주어지는 y값을 길이 vector_length인 one-hot 벡터로 변환합니다.
def convert_y_to_one_hot_vector(y, vector_length):
```

```
    y_vect=np.zeros((len(y), vector_length))

    for i in range(len(y)):
        y_vect[i, y[i]]=1

    return y_vect


# 학습 데이터 세트 개수에서 라벨과 신경망 결과가 일치하지 않는 경우를 빼서 정확성을 계산합니다.
def compute_accuracy(y_test, y_pred):

    size=y_test.shape[0]


    count=0
    for i in range(size):
        diff=abs(np.argmax(y_test[i,:])-np.argmax(y_pred[i,:]))

        if diff != 0:
            count+=1

    return 100-count*100.0/size


# 활성화 함수로 sigmod를 사용합니다.
def sigmoid(x):
    return 1 / (1+np.exp(-x))

# 역전파 알고리즘 적용 시 sigmod 함수의 1차 도함수가 필요합니다.
def sigmoid_derivative(x):
    return sigmoid(x) * (1-sigmoid(x))


# 피드포워드를 수행합니다.
def feed_forward(x, W1, W2, b1, b2):
    a1=x

    z2=np.dot(W1, a1)+b1
    a2=sigmoid(z2)
```

```
        z3=np.dot(W2, a2)+b2
        a3=sigmoid(z3)

        return a1, a2, a3, z2, z3


# 신경망을 학습시키는 함수입니다.
def train(X, Y, node_size, max_iteration, learning_rate):

    # 초기 가중치 값으로 무작위 값을 사용합니다.
    W2=np.random.random((node_size['output_layer_size'], node_size['hidden_layer_size']))
    W1=np.random.random((node_size['hidden_layer_size'], node_size['input_layer_size']))
    b2=np.random.random(node_size['output_layer_size'])
    b1=np.random.random(node_size['hidden_layer_size'])


    dataset_size=len(Y)
    list_average_cost=[]
    list_accuracy=[]
    count=0


    while count < max_iteration:

        # 비어있는 넘파이 배열을 사용합니다.
        dW2=np.zeros((node_size['output_layer_size'], node_size['hidden_layer_size']))
        dW1=np.zeros((node_size['hidden_layer_size'], node_size['input_layer_size']))
        db2=np.zeros((node_size['output_layer_size']))
        db1=np.zeros((node_size['hidden_layer_size']))

        average_cost=0

        # 학습 데이터 세트의 특성(x)와 라벨(y)를 사용하여 학습하기 위해
        # 피드포워드와 역전파 알고리즘을 수행합니다.
        for x,y in zip(X,Y):

            # 피드포워드를 수행합니다.
            a1,a2,a3,z2,z3=feed_forward(x, W1, W2, b1, b2)

            #역전파 알고리즘을 수행합니다.
```

```
            output_layer_error=y-a3
            delta3=-(output_layer_error) * sigmoid_derivative(z3)
            average_cost += np.linalg.norm((output_layer_error), 2)/dataset_size

            hidden_layer_error=np.dot(W2.T, delta3)
            delta2= hidden_layer_error * sigmoid_derivative(z2)

            dW2 += np.dot(delta3[:,np.newaxis], np.transpose(a2[:,np.newaxis]))/ dataset_size
            db2 += delta3/ dataset_size

            dW1 += np.dot(delta2[:,np.newaxis], np.transpose(a1[:,np.newaxis]))/ dataset_size
            db1 += delta2/ dataset_size


        # 역전파 알고리즘 실행 결과를 사용하여 신경망의 가중치와 편향을 업데이트합니다.
        W2 += -learning_rate * dW2
        b2 += -learning_rate * db2
        W1 += -learning_rate * dW1
        b1 += -learning_rate * db1


        # 예측을 해보고 정확도를 측정합니다.
        y_pred=predict_y(X, W1, W2, b1, b2)
        accuracy=compute_accuracy(Y, y_pred)

        # 반복 시마다 측정된 비용을 리스트에 저장합니다.
        list_accuracy.append(accuracy)
        list_average_cost.append(average_cost)

        # 100번 반복 시마다 비용과 정확도를 출력합니다.
        # 실행 시 비용과 정확도는 추이를 보는 데 사용합니다.
        if count % 100 == 0:
            print('{}/{}  cost : {}, Prediction accuracy : {}%'.format(count, max_iteration, average_cost, accuracy))

        count += 1
    return W1, W2, b1, b2, list_average_cost,list_accuracy


# 주어진 테스트 데이터 세트와 가중치, 편향을 사용하여 신경망의 출력을 리턴합니다.
```

```python
def predict_y(X, W1, W2, b1, b2):

    dataset_size=X.shape[0]

    y=np.zeros((dataset_size, 3))

    for i in range(dataset_size):
        a1,a2,a3,z2,z3=feed_forward(X[i,:], W1, W2, b1, b2)
        y[i]=a3
    return y


if __name__ == "__main__":


    # csv 파일로부터 데이터를 가져와 가공합니다.

    # 붓꽃 품종을 딕셔너리로 정의하여 문자열로 된 라벨을 숫자 값 라벨로 변환하는 데 사용합니다.
    Species_Dict ={'Iris-setosa':0, 'Iris-versicolor':1, 'Iris-virginica':2}

    X=[]
    Y=[]

    with open('Iris.csv', newline='') as file:
        reader=csv.reader(file)
        try:
            for i,row in enumerate(reader):
                if i > 0:
                    # csv로부터 읽어온 데이터를 리스트에 저장합니다.
                    X.append(np.array(row[1:5], dtype="float64"))
                    Y.append(Species_Dict[row[-1]])

            # 데이터가 저장된 리스트를 넘파이 배열로 변환합니다.
            X=np.array(X)
            Y=np.array(Y)

        except csv.Error as e:
            sys.exit('file {}, line {}: {}'.format(filename, reader.line_num, e))

    # {0, 1, 2} 값을 가지는 라벨을 one-hot 인코딩하여 {0 0 1, 0 1 0, 1 0 0}로 변환합니다.
```

파이썬과 NumPy로 배우는 선형대수

```python
Y=convert_y_to_one_hot_vector(Y, vector_length=3)

# 데이터 세트를 무작위로 섞습니다.
s=np.arange(Y.shape[0])
np.random.seed(0)
np.random.shuffle(s)


Y=Y[s]
X=X[s]



# 학습용 데이터(X_train,Y_train)와 테스트용 데이터(X_test,Y_test)를 8:2 비율로 사용합니다.
size=len(Y)
p=int(size * 0.8)

X_train=X[0:p]
Y_train=Y[0:p]
X_test=X[p:]
Y_test=Y[p:]



# 신경망을 구성하는 레이어의 노드 개수입니다.
node_size={
    'input_layer_size' : 4,
    'hidden_layer_size' : 8,
    'output_layer_size' : 3
}

# 역전파 알고리즘에서 사용하는 학습률입니다.
learning_rate=0.5


# 신경망을 학습시켜서 가중치와 편향을 리턴받습니다.
W1, W2, b1, b2, list_avg_cost,list_accuracy=train(X_train, Y_train, node_size=node_size, max_iteration=1000, learning_rate=learning_rate)


# 비용과 정확도를 그래프로 그립니다.
Figure, ax= plt.subplots(1, 2)

ax[0].title.set_text('Average cost')
```

```
    ax[1].title.set_text('Accuracy')

    ax[0].plot(list_avg_cost)
    ax[1].plot(list_accuracy)

    ax[0].set_ylabel('Average cost')
    ax[0].set_xlabel('Iteration number')

    ax[1].set_ylabel('Accuracy')
    ax[1].set_xlabel('Iteration number')

    plt.show()


    # 테스트 데이터 세트를 사용하여 예측 정확성을 테스트합니다.
    y_pred=predict_y(X_test, W1, W2, b1, b2)

    print('Prediction accuracy : {}%'.format(compute_accuracy(Y_test, y_pred)))
```

실행시켜보면 학습을 반복할수록 비용(cost)이 감소하며, 예측 정확도(Prediction accuracy)는 향상되는 것을 볼 수 있습니다.

```
0/1000   cost : 1.3993471461355802, Prediction accuracy : 33.33333333333333%
100/1000  cost : 0.9623462607232139, Prediction accuracy : 33.33333333333333%
200/1000  cost : 0.710083434104446, Prediction accuracy : 67.5%
300/1000  cost : 0.6213210667009127, Prediction accuracy : 67.5%
400/1000  cost : 0.5742873018070712, Prediction accuracy : 67.5%
500/1000  cost : 0.5414607032547568, Prediction accuracy : 76.66666666666667%
600/1000  cost : 0.507983472053262, Prediction accuracy : 92.5%
700/1000  cost : 0.4658526267559043, Prediction accuracy : 96.66666666666667%
800/1000  cost : 0.41845381377014396, Prediction accuracy : 97.5%
900/1000  cost : 0.37366598347457614, Prediction accuracy : 97.5%
```

비용과 정확도를 그래프로 그려보면 [그림 6-24]와 같습니다. 학습을 반복할수록
비용은 감소하며 정확도는 좋아집니다.

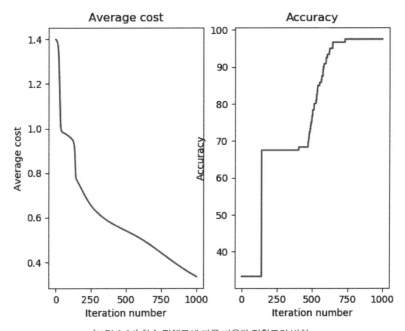

[그림 6-24] 학습 진행도에 따른 비용과 정확도의 변화

찾아보기

파이썬과 NumPy로 배우는 선형대수

파이썬 라이브러리로 쉽게 구현하는 수치해석 프로그래밍

초판 1쇄 발행 | 2019년 9월 30일

지은이 | 이정주
펴낸이 | 김범준
기획 · 책임편집 | 이동원
교정교열 | 최현숙
편집디자인 | 김옥자
표지디자인 | 유재헌

발행처 | 비제이퍼블릭
출판신고 | 2009년 05월 01일 제300-2009-38호
주 소 | 서울시 종로구 종로 1길 50 더케이트윈타워 B동 2층 WeWork 광화문점
주문 · 문의 | 02-739-0739   **팩스** | 02-6442-0739
홈페이지 | http://bjpublic.co.kr   **이메일** | bjpublic@bjpublic.co.kr

가 격 | 26,000원
ISBN | 979-11-90014-46-5
한국어판 © 2019 비제이퍼블릭

소스코드 다운로드 https://github.com/bjpublic/numpy